李 正 勲
*LEE Junghoon*

# 韓国政治経済論概説

三恵社

まえがき

　韓国政治経済は目まぐるしい変化を成し遂げてきている。激動する国際政治の中で成り立ち、また激変する国際政治において様々な変化を成し遂げてきた。このような理由から、韓国政治経済を理解するためにも韓国、朝鮮半島をめぐる国際情勢を理解する必要がある。本書では、韓国政治経済を「ありのまま」理解することに焦点をあて、第2次世界大戦の終結の間際まで遡って議論する。

　朝鮮半島は、第2次世界大戦が終結し日本の植民地支配から解放されたものの、その直前において朝鮮半島38度線以北にはソ連軍が進駐し、解放直後には38度線以南に米軍が進駐することで、事実上の分断が始まった。そのうえ、米ソ対立が鮮明になっていく中で、左右の理念対立も激しくなりつつ、その過程で1948年8月に大韓民国（韓国）が樹立、同年9月には朝鮮民主主義人民共和国（北朝鮮）が樹立されたことで、統一国家を成し遂げることができなかったのである。

　その後、3年間に及ぶ朝鮮戦争で（1950.6-1953.7）、南北合わせ数百万人以上の死者・行方不明者を出し、1千万人ともいわれる「離散家族」が生じた。そのうえ、各種生産設備は徹底的に破壊され、国土は荒廃化した。民族間の和解にはかなりの時間と努力が必要とされた。世界各国を巻き込みながら展開された戦争により、南北ともに計り知れない悲惨な被害を被ったのである。

　一方、李承晩政権は戦時中において社会統制を強め、恐怖感を助長する中で長期独裁体制を構築していくが、1960年4月に起きた4.19革命で政権は呆気なく倒れた。しかし、4.19革命から1年後の

1961年5月には軍事クーデターが発生し、民主化の試みは挫折する。以降、軍事政権下での輸出中心の経済システムの構築が推し進められていく中、日本との国交正常化、ベトナム戦争への派兵、ドイツへの鉱山労働者・看護師の派遣などが積極的に進められた。このような韓国政治経済の変動には、ベトナム戦争や中国の戦略国家としての台頭など、当時の東アジア情勢の変動が深くかかわっていたといえる。

　軍事政権下、韓国は短期間での経済成長を成し遂げ、人々の生活も豊かになり、その様子を国際社会からは「漢江の奇跡」や「アジアの四頭のトラ」と称されるようになった。その一方で、依然として政治の自由や表現の自由といった基本的な人権は統制されたままであって、特に「新軍部」による「光州民主化運動」への暴圧が物語るように、人々の権利はいとも簡単に踏みにじられた。そして、「新軍部」が政治権力を掌握できた背景にもまた、「新冷戦」という新たな国際情勢の形成があったからである。

　ところが、1985年3月にはソ連でゴルバチョフ政権が発足し、改革開放政策が推し進められる中、東欧共産諸国では市場経済システムの導入、政治の民主化が進展するようになった。東欧共産諸国の体制転換は東アジア諸国の民主化にも影響を及ぼしたが、なにより米ソ和解、冷戦終焉という急変する国際政治と連動する形で進むこととなった。この過程において、韓国では1987年6月に民主化運動が頂点に達し軍事政権時代が終息、「文民」政権が誕生するに至った。

　また、南北関係も大きく進展し、北朝鮮も国際社会に開かれた姿勢を見せるなど、朝鮮半島情勢も大きく変動した。北朝鮮の核問題

は未解決の状況が続いているが、朝鮮半島の非核化をめぐる交渉は一歩一歩前に進んでいるようにも見える。特に 2000 年代に入ると、南北首脳会談に続き、日朝首脳会談、そして米朝首脳会談が行われるなど、新しい地域秩序をめぐる諸国間の複雑な駆け引きが繰り広げられている。

　本書では、このような国際情勢とも深くかかわりを持つ韓国政治経済の成り立ちと変容について、主な政策や出来事を中心に多角的に考察していく。国際政治の中での韓国政治経済の変動を見極めつつ、そこからさらに韓国政治経済の特徴について考察を試みる。

　本書は、大学などでのテキスト用として書かれているが、広く韓国事情や朝鮮半島情勢に興味を持つ読者にも読んでもらうことができればと願う。なお、内容は 13 章構成となっており、各章は有機的にかかわっている。最後の第 13 章「世代論」は、政治経済の観点から少し離れているが、第 12 章までの内容を踏まえての記述となっている。この第 13 章はもちろんのこと、読者の興味ある章（部分）から読み始めても、本書全体を理解するうえでは有効であると考えられる。なにより、ありのままでの韓国政治経済の理解に重点を置き執筆したことを予め断っておきたい。

李正勲<br>2019 年 5 月

# 目次

まえがき ............................................................................. 1

# 第1部 冷戦時代における韓国政治経済 .............. 11

## 第1章　　韓国の政治経済体制の確立過程 ................... 15

1. 解放と分断 .................................................................. 15
   - 朝鮮建国準備委員会 ................................................ 15
     - 朝鮮総督府と建準の5つの合意事項 .................. 16
   - 大韓民国 .................................................................. 17
   - アチソン・ライン .................................................. 19
2. 正当化される独裁 ...................................................... 20
   - 朝鮮戦争 .................................................................. 20
   - 分断膠着 .................................................................. 22
   - 恐怖政治と改憲 ...................................................... 23

## 第2章　　4月革命 ................................................... 25

1. 4月革命 ...................................................................... 25
   - 援助経済 .................................................................. 25
   - 国家保安法改正 ...................................................... 26
     - 国家保安法 .......................................................... 28
   - 4.19革命 .................................................................. 29
2. 4月革命の挫折 .......................................................... 30

第 2 共和国 ........................................................... 30

　　　　　3.15 不正選挙行為処罰のための改憲 ............................. 31

　　5.16 軍事クーデター ....................................................... 32

　　　第 3 共和国 ........................................................... 33

　　　　　政治体制の変動 ............................................................. 34

## 第 3 章　　軍事政権時の政治経済 ................................. 37

1. 国家主導の経済政策の特徴 ............................................... 37

　　「計画経済」政策 ............................................................. 37

　　　　「経済開発計画」の概要 ............................................... 39

　　「外貨獲得」政策 ............................................................. 39

　　重化学工業の育成 ............................................................. 41

2. 朝鮮半島をめぐる国際情勢 ............................................... 43

　　ベトナム戦争との関連性 ................................................. 43

　　ニクソン・ドクトリン ..................................................... 45

　　朝鮮半島情勢の緊迫化 ..................................................... 46

## 第 4 章　　維新体制下の政治経済 ................................. 49

1. 「維新体制」の構築過程 ................................................... 49

　　「国家非常事態」宣言 ..................................................... 49

　　「不実企業」整理 ............................................................. 51

　　　ニクソン・ショック後の世界 ....................................... 52

　　「維新体制」構築 ............................................................. 53

2. 維新体制をめぐる葛藤 ....................................................... 54

　　金大中拉致事件 ................................................................. 54

緊急措置 ............................................................ 55
　　　　　維新体制下の大統領緊急措置 ................................ 57
　　　文世光事件 ........................................................ 57

## 第5章　ソウルの春 ........................................ 61

### 1. 新軍部の台頭 ............................................ 61
　　　ソウルの春 ........................................................ 61
　　　5.18 光州民主化運動 ............................................ 63
　　　　　光州民主化運動、その後 .................................... 65
　　　強まる社会統制 .................................................... 66

### 2. 新冷戦下の新軍部政策 ................................ 68
　　　正統性の確保・維持 ............................................ 68
　　　　　新冷戦時代の国際情勢 ...................................... 68
　　　宥和政策 ............................................................ 70
　　　三低好況 ............................................................ 72

## 第6章　民主化の波 ........................................ 75

### 1. 6月民主化運動 .......................................... 75
　　　受け継がれる「光州精神」 .................................... 75
　　　改憲運動 ............................................................ 77
　　　6月民主化運動 .................................................... 78

### 2. 社会の多様化 ............................................ 80
　　　広がる市民運動 .................................................... 80
　　　文化の多様化 ...................................................... 82
　　　さらなる権利の拡大 ............................................ 83

# 第 2 部 冷戦終結後の韓国政治経済 ...................... 85

## 第 7 章　　冷戦終結の連動性 .......................................... 89

1. 揺れる朝鮮半島情勢 ............................................................. 89
   - 統一運動 ............................................................................ 89
   - 北方政策 ............................................................................ 90
   - 日朝会談 ............................................................................ 92
2. 継続する核危機 ..................................................................... 93
   - 核疑惑 ................................................................................ 93
   - 核危機 ................................................................................ 94
   - 危機解消 ............................................................................ 96

## 第 8 章　　経済危機 .......................................................... 99

1. 文民政府 ................................................................................ 99
   - 南北葛藤 ............................................................................ 99
   - ハナフェ解散 .................................................................. 100
   - 経済民主化 ...................................................................... 101
2. IMF 通貨危機 ..................................................................... 103
   - デフォルトの連鎖 .......................................................... 103
     - 国際通貨基金 ............................................................ 104
   - アジア通貨危機 .............................................................. 105
   - 構造改革の始まり .......................................................... 107

## 第 9 章　　改革の両面性 ................................................ 109

1. 構造改革 ........................................................... 109
   資本市場の全面開放 .......................................... 109
   構造改革の実際 ................................................. 111
   IT産業の育成 ..................................................... 112
2. 構造改革の明暗 ................................................. 114
   「労働市場の柔軟化」政策の弊害 ....................... 114
   新自由主義の副作用 .......................................... 115
   福祉国家への道程 ............................................. 116

# 第10章　太陽政策 ............................................. 119

1. 太陽政策 ........................................................... 119
   太陽政策 ........................................................... 119
   南北共同宣言 .................................................... 120
   金剛山観光事業 ................................................. 122
2. 東北亜均衡者 .................................................... 123
   6カ国協議 ......................................................... 123
   開城工団事業 .................................................... 124
   FTA活用論 ........................................................ 125
   東北亜均衡者論 ................................................. 127

# 第11章　政治哲学の錯綜 .................................... 129

1. 再び「小さな政府」論へ .................................... 129
   民営化・規制緩和 ............................................. 129
   4大江事業 ......................................................... 131
   資源外交 ........................................................... 132

2. 増幅する政治不信 ............................................................. 134
      信頼の喪失 .................................................................... 134
      低成長時代 .................................................................... 135
      南北関係の悪化 ............................................................ 137

# 第 12 章　　直接民主主義の拡大 ................................. 139

   1. 混迷する政治経済 ............................................................ 139
      「創造経済」政策 ......................................................... 139
         DTI & LTV ................................................................ 141
      医療民営化 .................................................................... 141
      統一論の蹉跌 ................................................................ 142
   2. 直接民主主義の噴出 ....................................................... 144
      危機のリーダーシップ ................................................ 144
      崔順実ゲート ................................................................ 146
      ローソク革命 ................................................................ 147

# 第 13 章　　韓国政治経済の多角的理解 ......................... 149

   1. 時代を読むための「世代論」 ...................................... 149
      民主化以前 .................................................................... 149
      民主化以降 .................................................................... 150
      「N 放世代」論の台頭 ................................................ 152
   2. ネチズン世代の意思表出方法 ...................................... 153
      情報通信（IT）の発達と世代論 ................................ 153
      IT 先進国の明暗 .......................................................... 155
      直接民主主義への追い風 ............................................ 156

あとがき ................................................................ 159

**参考資料** ............................................................ 161

**参考文献** ............................................................ 170

# 第1部 冷戦時代における韓国政治経済

　米ソ両国はともに連合国側の一員として第2次世界大戦の終結に向け協力したが、同時に異なる政治経済体制をめぐる対立も深まりつつ、大戦終結後においてはあらゆる場面で対立と競争を繰り広げることとなる。1946年2月、ケナン在ソ連米大使が本国に送った長文電報で（後に匿名Xで『フォーリンアフェアーズ』誌1947年7月号に投稿したことで「X論文」として知られる）、ソ連の膨張主義を指摘するなど、米政権内部ではソ連を警戒する動きが一段と強まっていく。1947年3月、トルーマン米大統領（1945.4-1953.1）はギリシャへの支援に言及する中で地球規模での反ソ政策を明確にしたが（トルーマン・ドクトリン, Truman Doctrine）、世界秩序を再構築していく中で、もはやソ連との協力は不可能であると判断したのである。

　その後の1947年6月になるとマーシャル米国務長官がヨーロッパ復興計画を表明し（マーシャルプラン, Marshall Plan）、トルーマン政権の「封じ込め政策」がより具体的に実行されていく。マーシャルプランは1948年4月から1952年まで西欧諸国を対象として戦後復興に必要な支援を実施することとなったが、その受け入れ機関として「欧州経済協力機構」（Organization for European Economic Cooperation, OEEC、後に経済協力開発機構OECDに改組）が組織された。

　ソ連もまた東欧諸国との連携を強化するために、1947年9月に「コミンフォルム」（Communist Information Bureau, Cominform）

の結成を主導した。マーシャルプランをアメリカの拡張主義の表れとして非難し、その対抗措置として東欧諸国の共産党・労働党間で情報交換や連携強化を図ろうとした（1948 年にユーゴスラビア共産党が除名される）。このようにして米ソ対立はより鮮明になりつつあった。

　一方、アメリカはブレトンウッズ体制（Bretton Woods system）の構築をはじめとして、世界経済秩序の再構築を主導したが、その根幹となるのが「金本位制」や「固定相場制」の確立、そのための国際金融機関としての「国際通貨基金」（International Monetary Fund, IMF）の設立などを牽引した。さらに、「関税貿易に関する一般協定」（General Agreement on Tariffs and Trade, GATT）を主導するなど、自由市場・自由貿易の拡大を世界規模で進めようとした。このようなアメリカ主導の世界秩序構築に対抗し、ソ連は 1949 年 1 月に「経済相互援助会議」（Council for Mutual Economic Assistance, COMECON）の結成を主導したのである。

　しかし、米ソ対立は、経済のブロック化にとどまらず、安全保障分野でも明確化していく。1949 年 4 月、イギリスやフランスをはじめとする西欧 10 カ国とアメリカ、カナダからなる「北大西洋条約機構」（North Atlantic Treaty Organization, NATO）条約が締結されたが（8 月に発効）、1955 年に西ドイツも NATO の一員となり再軍備が始まった。これに対抗するためソ連は 1955 年 5 月にソ連と東欧 8 カ国からなる「ワルシャワ条約機構」（Warsaw Treaty Organization, WTO）を結成するに至る（ユーゴスラビアは不参加）。

すでに東アジアにおいても左右理念の対立が深まりつつ、朝鮮半島では二つの政府が樹立され、中国もまた二つの政治陣営に分かれ、インドシナにおいても新生独立国と旧支配勢力との軋轢が生じるなど、世界は米国を頂点とする資本主義陣営（第1世界）と、ソ連を中心とする共産主義陣営（第2世界）に分断されつつあった（後にどこにも属さないことを目指す第3世界の概念が台頭する）。

# 第1章　韓国の政治経済体制の確立過程

## 1. 解放と分断

**朝鮮建国準備委員会**

　第2次世界大戦は、1943年9月にイタリアが連合国側に降伏し、1945年5月にはドイツが無条件での降伏を受け入れたことで、その終焉を迎えようとした。日本は、アメリカによる東京大空襲や硫黄島での日米戦闘、沖縄戦などで敗戦色が濃厚になったが、それでも「本土決戦」体制の準備を進めた。そのような状況下、マンハッタン計画を成功裏に終わらせたアメリカは1945年8月6日に広島、9日には長崎に、それぞれウラニウム型とプルトニウム型の核兵器を投下する。

　さらに、日本とは中立条約を結んでいたソ連が1945年8月9日に対日参戦し、満州やサハリン、朝鮮半島の北部までに勢力を拡大してきた。そして、日本が無条件降伏を盛り込んだポツダム宣言（Potsdam Declaration）の受け入れを最終決定したのは8月14日のことであった。しかしその後も日本とソ連間の戦闘はしばらく続くこととなる。

一方、日本がポツダム宣言受諾を決定した翌日の 8 月 15 日、朝鮮総督府と呂運亨を委員長とする「朝鮮建国準備委員会」（建準）との間では、朝鮮半島での行政権の委譲に関する合意が行われた。この時、建準側は朝鮮総督府に対し政治犯釈放などを含む 5 つの項目を要求し、両者間で合意が行われたのである。このような合意を背景に建準は 9 月 6 日に「朝鮮人民共和国」を宣布、地方単位に「人民委員会」を設置するようになった。

### 朝鮮総督府と建準の 5 つの合意事項

① 政治・経済犯の即時釈放
② 3 カ月間の食糧補給
③ 治安維持と建国事業に対する干渉排除
④ 学生訓練と青年組織に対する干渉排除
⑤ 労働者と農民を建国事業へ組織、動員することに対する干渉排除

　ところが、日本政府が連合国側と降伏文書を締結したのは 9 月 2 日のことで、この時点では朝鮮半島の将来をめぐる連合国側の協議がまだ結論に至っていなかった。このような情勢の中、建準が「朝鮮人民共和国」を宣布した翌日の 9 月 7 日になると「米陸軍太平洋指令府布告」第 1 号から第 3 号までが出されたが、この布告の中に 38 度線以南での米軍政の実施が明記されたのである。そして、9 月

8日から米軍が仁川に上陸し、翌9日には38度線以南を実質的に米軍が統治し始めた。結果的に、38度線の以北ではソ連軍が、その以南では米軍が駐屯することになったのである。

## 大韓民国

1945年12月、米英ソ間で三国外相会議が行われ（モスクワ三国外相会議）、朝鮮半島での臨時政府樹立と最長5年間の米英ソ中による朝鮮信託統治案が合意された。しかし、38度線以南では「信託」か「反託」かをめぐる激しい政治対立が繰り広げられ、混乱を極めつつあった（左右対立、左右理念対立）。1946年3月、モスクワ三国外相会議での合意事項を協議するための米ソ共同委員会が開催されたが、意見の一致は見られなかった。その後も議論は続くが、合意に達することなく1947年9月にアメリカが朝鮮問題を国連に移管し、10月にはソ連代表団が撤収したことで同委員会は事実上解散したのである。

その後の1948年5月、38度線以南での単独総選挙が行われ、国会を構成するに至る（制憲議会）。この制憲議会は7月17日に憲法を制定したが（制憲憲法）、主な内容の一つとして、大統領は行政の首班であり、大統領及び副統領は国会議員2/3以上の出席及び出席議員2/3以上の賛成で選出することなどが定められた。さらに、大統領の任期は4年、1回に限り再任可とした。また、制憲憲法の条文には「大韓民国は三一運動により大韓民国を建立し世界に宣布した偉大なる独立精神を継承」することが明文化され、大韓民国（韓国）の正当性を3.1運動とその後の臨時政府に求めた。

そして、この憲法に基づき、1948年7月20日に国会で初代大統領・副統領選挙が行われた。その結果、大統領には李承晩が、副統領には李始榮が選出された。1948年8月15日に「大韓民国」樹立が宣言され、ここで独立国として歩みだすこととなった。なお、この時から李承晩が退陣に追い込まれる1960年4月までを「第1共和国」と称する。一方、1948年9月9日、38度線以北で「朝鮮民主主義人民共和国」（北朝鮮）が樹立されたことで、朝鮮半島には二つの政府が存在することとなった。

　ところが、前述した5月の単独総選挙に反対する抗議活動が全国的に広まり、特に済州島では単独総選挙をめぐる人民委員会・住民側と、軍・警察側が激しく衝突した。1947年3月1日の3.1運動記念集会において警察が過剰に反応し住民側が抗議、その過程で警察が発砲し6人が死亡した。そして、1948年4月3日、人民委員会・住民側と軍・警察側との間で緊張が続く中、武装蜂起が発生。以降、両者が激しく対立し、多くの住民が犠牲となったのである（済州4.3事件）。

　両者間の激しい対立は一時終息するかのように見えたものの、朝鮮戦争勃発とともに、再び軍・警察側の暴挙が繰り返されるようになり、1954年9月までに2万5,000-3万人の住民が犠牲になったとされる。また、この「済州4.3事件」に関連して、全羅南道の麗水・順天地域において済州島への派兵に反対し軍の反乱が起きたが、反乱軍を鎮圧する過程でまた多数の住民が犠牲になったとされる（麗順事件）。

## アチソン・ライン

　朝鮮半島で左右対立が激しくなりつつあった時期は、米ソ対立も激しくなり、世界各国で理念・体制をめぐる葛藤が繰り広げられていた時期と重なる。東アジア国際情勢に関連していえば、例えば、19世紀半ばから長く続いたフランスの植民地支配に終止符を打ち、1945年9月にベトナムが独立を宣言したが、その直後にフランス軍との間で戦闘が勃発した（その後、第1次インドシナ戦争へと拡大していく）。また、1946年6月以降、中国では国民党と共産党との間で内戦が激化した。共産党側が優位を占め、1949年10月1日に中華人民共和国が樹立された。一方の国民党政府は、台湾にその拠点を移すこととなったのである。

　このような激動する東アジア国際情勢の中、米ソ合意に基づき1948年12月にソ連軍が北朝鮮から撤退し、1949年6月には米軍が約500人規模の軍事顧問団を残し韓国から撤退した。朝鮮半島情勢は、南北間での駆け引きがどのような形で展開するのかによって、平和と安定、ひいては民族統一に向け協力することも不可能ではなった。しかし、現実としては、米ソ両国軍が撤退したことで南北間でのパワーバランスが崩れ、不透明な情勢が続いた。

　前述したように、アメリカは、米ソ対立が激しさを増す中で、「トルーマン・ドクトリン」や「マーシャルプラン」、さらには「NATO」のような反ソ・反共政策を推し進めるようになったが、その一環として日本に対しても初期の占領政策であった武装解除や財閥解体、戦争責任者・協力者の公職追放といった「ハードピース」

路線から、日本を「反共の防壁」へと導くための「ソフトピース」路線へと転換した（逆コース）。

　このような状況において、アチソン米国務長官は1950年1月、「アメリカの防衛ラインは、アリューシャン列島から沖縄（琉球）、日本本土、フィリピンまで」で、「それ以外は軍事攻撃に対する保証はない」と表明した。この発言通りであれば、韓国と台湾、そしてインドシナ半島は、アメリカの防衛ラインから除外されることを意味した。アチソンの発言（アチソン・ライン, Acheson line）の真意をめぐる議論はともかく、当時の国際情勢とアメリカの対外戦略の変化を総合的に考察する限り、韓国などに否定的な影響を与えたことは言うまでもない。

## 2.　正当化される独裁

**朝鮮戦争**

　前述したように、1940年代後半韓国では「左右対立」が激しさを増しつつ、国内情勢は混乱を極めた。その一方、38度線付近では南北間での戦闘が続き、1949年だけでも数百回の戦闘が発生し、両者合わせて数千人が死亡したとされる。その中での米ソ両国軍の撤退により南北間でのパワーバランスは崩れつつ、さらにアチソン・ラインの表明により朝鮮半島での武力衝突の可能性はさらに高まったのである。

そして、1950年6月25日、日曜日の明け方に北朝鮮軍が38度線を越え韓国を奇襲攻撃。わずか3日でソウルが陥落され、8月頃になると大丘や釜山、済州島など一部の地域を除く韓国の全域が北朝鮮に占領された。なお、戦争勃発直後、李承晩大統領は避難したが、その際にソウルとその以南をつなぐ唯一の鉄橋・人道橋の爆破を命令したことで多くの市民が犠牲になったとされる。

一方、北朝鮮が奇襲攻撃を開始した直後、アメリカは国連安保理開催を要請し、1950年6月26日に北朝鮮の行為を非難する決議が採択された。また、米軍は戦争勃発直後から単独で軍事介入したが、7月以降は米軍主導の国連軍が朝鮮戦争へ本格的に参戦することとなった。同年9月13日には「仁川上陸作戦」が実行され、9月28日にマッカーサー率いる国連軍がソウルを奪還するに至る。さらに、国連軍は北進し、北朝鮮のほとんどの地域を制圧したが、1950年10月、中国人民志願兵が参戦したことで（正規軍ではない義勇軍である）、以降戦況は拮抗する。

朝鮮戦争は長引き、米軍をはじめとする国連軍側の犠牲者も増えていく中、トルーマン大統領は核兵器使用についても検討するようになった。例えば、1950年11月の記者会見では、記者から「原子爆弾」の使用可能性を聞かれ、「我々の持っているすべての爆弾」が使用可能であると答えた。しかし、核兵器を使用すれば、中国のさらなる介入、ソ連の本格的な参戦につながりかねず、ひいては核戦争に拡大する可能性もあった。ソ連は1949年8月に核実験を行い、アメリカに次ぐ核兵器国となっていた。もちろん、核兵器使用を検討していた時点では米ソ間の核戦力には大幅な差があったが、

ソ連もまた核戦力の拡充に拍車をかけ始めていたことから、核兵器を容易に用いることはできなかったと考えられる。

**分断膠着**

　戦況が拮抗する中、トルーマン大統領は1951年4月、戦争が拡大することを恐れ、マッカーサーを連合軍司令官・極東司令官から解任。そして、同年7月、停戦に向けた諸国間の交渉が始まった。575回に及ぶ協議の末、1953年7月27日、国連軍代表、国連軍総司令官、朝鮮人民軍・中国人民志願軍代表、朝鮮人民軍最高司令官、中国人民志願軍司令官が「停戦協定」（Korean War Armistice Agreement）に署名。停戦交渉から2年、その間も戦闘が続き、3年間の戦争で多くの犠牲者を出した後の停戦となった。

　ところが、李承晩政権は「北進統一」を主張し北朝鮮との停戦を拒否したが、一方ではアメリカとの軍事同盟締結に躍起になっていた。逆にトルーマン政権は停戦合意には積極的に乗り出したが、米韓安全保障条約には消極的な姿勢を崩さなかった。しかし、アイゼンハワー政権（1953.1-1961.1）が発足すると米韓間での交渉も本格化していく。1953年8月に「米韓相互防衛条約」が仮調印された後、10月に正式調印された。発効は1954年11月となった。後述するように、韓国は解放直後から経済の面でアメリカの援助に頼っていたが、安全保障の面でも依存が強まることとなった。

　なお、停戦協定締結以降、李承晩政権の「反共」、「反北」の方針は以前にもまして強くなり、「北進統一」や「滅共統一」といった言説で表現されるような強固な姿勢で一貫した。解放後の分断、

左右対立が続く中での戦争勃発、そして戦後における南北の対決がより鮮明になっていく中、南北分断もまた膠着化していく。このように、南北間での理念・体制をめぐる対立は日々強まり、韓国では民主化運動とともに統一運動に対しても厳しい制限が加えられることとなった。

**恐怖政治と改憲**

　朝鮮戦争が勃発する直前の1950年5月30日、韓国では国会議員選出のための総選挙が実施された。結果、全210議席のうち、与党側が56議席、野党側が26議席、そして無所属などが128議席を獲得した。すでに政府・与党と野党との関係は悪化していたが、特に朝鮮戦争勃発直後に李承晩大統領が極秘裏に避難したことに加え、司法・立法・行政など国家機能のほとんどが停止状態となり混乱を極めたことなどで、政権・政治に対する国民の不信は高まるばかりであった。このような背景もあり、李承晩の再任はより厳しくなってきたのである。

　そこで与党側は1952年1月、国民の直接選挙による大統領選出を骨子とする改憲案を国会に提出したが、否決された。しかし、5月に入り、政権側が野党議員を強制連行し暴力を加えるなど、恐怖感漂う中で国会での改憲審議が本格化した。その結果、同年7月に166人が出席した国会において、賛成163、反対0、棄権3という結果で、直接選挙による大統領選出を骨子とする改憲案が採決された。政府・与党側の大統領直接選挙と野党側が強く求めた両院制

（民議院・参議院）や国務委員不信任制などが折衝されたとして「抜粋改憲」とも呼ばれた。

　この改憲に基づき、1952年8月に直接選挙による第2代大統領選挙が行われ李承晩が再選を果たした。戦時中にもかかわらず投票率は88.1%、得票率は74.6%となった。また、同時に行われた第3代副統領選挙では無所属候補の咸台永が当選した（李承晩の支援）。第3代となったのは、初代副統領だった李始榮が1951年5月に辞任したことで、直後に第2代副統領選挙が行われ金性洙が選出されたが、1952年5月に李承晩政権に反対を表明し辞退したからである。しかし、憲法では依然として大統領の任期を4年、1回に限り再任可能とする規定があり、1956年8月で李承晩は任期満了で退任することとなった。

# 第2章　4月革命

## 1.　4月革命

**援助経済**

　アメリカからの援助は、解放後の韓国経済において重要な位置づけとなっていた。韓国「国家記録院」によれば、解放直後から1970年5月にアメリカの援助対象国から除外されるまで、無償44億ドル、有償4億ドル規模の援助を受け続けたとされる。この金額がどれくらいの規模であったのかは様々な指標で確認できるが、一例として、韓国政府は輸出額の大幅な増進を記念し1964年11月30日を「貿易の日」として定めたが、この時の輸出総額は1億ドルであった（2012年12月に1兆ドルを達成したことで12月5日に変更）。

　アメリカの援助は、韓国経済の基盤形成においても、なにより経済の安定化のために極めて重要な役割を果たしたとされる。その一方で李承晩政権は1953年7月、アメリカからの援助をベースとした戦後復興計画「韓国経済再建5カ年計画」を樹立したが、その後の1954年7月には「経済復興5カ年計画」、さらに1959年12月

には「経済開発 3 カ年計画」など、様々な政府主導の経済計画を策定し実行を試みる。

　しかし、国内経済はハイパーインフレーションに見舞われ、物資不足や高い失業率など、様々な問題が重なり、目立った成果をあげることはなかった。そのうえ、1950 年代のアメリカの援助は主に食料品や農業用品、工業用品、資材、交通設備などといった「物資」として提供されたが、中でも「小麦粉」や「砂糖」、「綿花」といった消費財の比重が高かった（特に、これら三つの援助物資を中心とした企業活動を「三白工業」、「三白産業」とも呼んでいた）。このような理由から、長期的な観点からすれば、援助経済は韓国経済の抜本的な立て直しには否定的であったとする意見もある。一方、1950 年代後半からのアメリカ経済の不況により、アメリカからの投資規模が縮小され、無償援助も減少されることとなった。

## 国家保安法改正

　戦争で疲弊した国土、物資不足、インフレーションや失業問題、政治情勢も不安定であり、国内情勢は混とんとしていた。このような状況下、李承晩政権は依然として「反共」、「反北」を国是とし、民主化運動・統一運動を警戒しながら、長期政権体制の構築を試みようとした。前述したように、戦時中において強圧的な方法で改憲を行い再任に成功したが、さらに 1954 年になると憲法で定めた大統領の「再任」条項を撤廃し、永続的な政権構築を本格化する。

　1954 年 11 月 27 日、与党側は「今の大統領には 1 回のみの再任可とする規定を適用しない」とする改憲案を国会に提出(三選禁止

条項の改正)。しかし、この改憲案が採決されるためには、国会在籍議員203人のうち2/3以上に当たる136人の賛成が必要であったが、改憲案に賛成したのは135人にとどまった。結果、改憲案は一旦否決された。ところが、翌日の11月28日になると、与党側はソウル大学教授の解釈に言及しながら、2/3以上は正確には「135.333…」であり、この数字を四捨五入すると135人になるという論理を持ち出した。翌11月29日、この四捨五入の論理を根拠に一旦否決された改憲案の採決を強行したのである。

　そして、新しく改正された憲法に基づき、1956年5月に第3代大統領選挙が行われた。結果、現職の李承晩が55.7%の得票率で再任に成功した。一方、独立運動家であり、平和統一を主張する野党進歩党候補の曹奉岩も23.9%を獲得した。得票率からすれば大きな差があったが、実際にはもう一人の野党候補だった申翼熙が遊説の途中で死亡したことで約200万票（20.5%程度）が無効票となったとされる。また、この選挙では広範囲で不正が行われたこともあったため、もし野党側で協力が行われたとすれば、熾烈な選挙戦になったとの見方もある。なお、同時に実施された第4代副統領選挙では野党候補の張勉が当選した。副統領の権限は限られていたが、象徴的な意味でも政府・与党をけん制する立場となったのである。

　不安定な政局が続く中、政府・与党は早くも1960年に実施予定の大統領選挙に向け様々な対策を講じ始める。例えば、1957年11月、李根直内務部長官が「主権を無視する平和統一論者」を取り締まるための国家保安法の改正を準備中であり、そのような主張を行う政党を調査中であると発言した。そして、1958年1月、進歩党指導者である曹奉岩などが逮捕され、2月には進歩党の政党登録が

取り消されたのである。しかし、このような状況で行われた 5 月の総選挙で与党自由党は全 233 議席中、126 議席を獲得するにとどまり、改憲のための 2/3 には至らなかった。

　政府・与党はさらなる恐怖政治を敷き、社会統制をより強固に進めようとした。例えば、1958 年 8 月、与党側は言論統制を強化するため処罰対象を大幅に拡大した国家保安法改正案を国会に提出、処罰をめぐる激しい応酬が続いた。11 月になると今度は政府がさらに処罰内容を広範囲に定めた改正案を提出するに至る。12 月 24 日、野党や市民などが激しく反発し、与党自由党議員のみで議事が進行される中、国家保安法の改正案は予算案などとともに可決された。これを「2.4 波動」、「2.4 保安法波動」ともいう。改正された国家保安法により、1959 年 4 月に政権・与党側に批判的な立場であった『傾向新聞』が廃刊されることとなり、同年 7 月には曺奉岩に死刑が宣告され執行されたのである（司法殺人）。

### 国家保安法

　1948 年 12 月 1 日に制定と同時に施行された法律。制定時は「国憲に違反し政府を僭称する者」への取り締まりが主な目的であったが、その後改正が続き、現在は同法第 1 章第 1 条で「反国家活動の規制」と明記されている。この法律は 1948 年 10 月に起きた「麗順事件」を背景としているが、もともとは植民地支配時の「治安維持法」をモデルとして作られたともいわれている。一方、「反国家活動」（制定時の「国憲に違反し政府を僭称する

者」）を含む条文の内容や取り締まり、処罰の対象などが曖昧であり、結果的には政権側の味方として動いたとして批判の声も根強い。冷戦の終焉や南北間の緊張緩和に伴い、大幅な法律の改正、または廃止を求める意見もある。

## 4.19革命

　政治や表現の自由が大きく損なわれる中、1960年2月28日に大邱地域の高校生約1,700人が「学園の自由」を求め抗議活動を行い、社会に大きな波紋を投じた。この「2.28民主運動」は、政治の混乱と経済の不安が続く中、3月15日に予定された第4代大統領選挙・第5代副統領選挙に向けた選挙戦が過熱しつつ、政治に敏感な高校生を民主党など野党側の遊説に参加できなくするよう、政府当局が日曜日の登校指示を出したことで反感を買われたことが背景であった。

　しかし、政権・与党側は、学生・市民の政治に募る不満を軽視し、全国規模での不正選挙を企て3月15日の選挙に臨んだ。選挙当日、警察による監視や偽造投票、集団投票の強要などといった不正選挙が繰り広げられる中、馬山地域の高校生・大学生が抗議活動を展開し、警察と激しく対立した（3.15義挙）。この時、高校生だった金朱烈が行方不明になっていたが、4月11日に死体で発見された。警察の鎮圧過程で死亡されたことが明らかとなり、抗議活動はさらに広まっていく。4月18日には高麗大学生が中心となった大規模な抗議活動が行われ、翌4月19日になるとさらに抗議活動が拡大し、

李承晩大統領との面談を要求し大統領府(現青瓦台)まで行進した。これに危機感を覚えた政権側は発砲を命令、またソウルなど主要都市に戒厳令を敷いた。

李承晩政権は、内閣を一新することで事態の収束を図るが、抗議活動は収まることはなく、さらにアメリカが不正選挙への徹底した調査を要求するなど、政権運営は一段と厳しくなってきた。1960年4月26日、李承晩が辞任を表明、翌27日に辞職届を国会に提出した(後にハワイへ亡命)。大統領選挙をめぐる一連の抗議活動から始まった「4.19革命」は、死亡183人、負傷6,259人という多くの犠牲者を出しながらも、李承晩の退陣をもって一段落することとなった。なお、3.15選挙は無効として処理された。

## 2. 4月革命の挫折

### 第2共和国

李承晩の退陣に伴い、許政国務総理が大統領職を代行(許政過度政府、許政過度内閣など)。そして、1960年6月15日、与野党合意による議院内閣制や両院制、議会での総理・大統領の選出、言論の自由などを骨子とする改憲案が提出され賛成多数で可決された。大統領は形式的な国家元首の地位にとどまることとなった。

1960年7月、修正された憲法に基づき総選挙が行われ、民議院全233議席のうち野党民主党が3分の2以上の175議席を獲得、参議院では全58議席中31議席を獲得する結果となった。8月12日、

まず両院にて大統領選挙が行われ、民主党候補の尹潽善が選出された。また、8月23日の総理選挙では同じく民主党候補の張勉が選出された。張勉総理を中心とした民主党政権では、政治の「自由化」を原則に、それまでの「反北」や「反共」を是正し、平和統一の立場から南北協力を進めようとした。同時に経済や社会など、各分野の民主化が進められるようになったのである。

　一方、長引くインフレーションや高い失業率、経済低迷を是正すべく、「経済第一主義」をスローガンとして産業の基盤構築や均衡発展に取り組もうとした。そのためにアメリカに対し援助増額を要求する一方、為替の現実化（1961年1月、1ドル650ウォンから1,000ウォンに調整）、国家主導による「経済計画5カ年計画」を策定するなど様々な方策を実行しようとした。この計画は、後の軍事政権の経済政策のベースとなったともいわれる。また、日韓国交正常化にも意欲を示し、第5次日韓会談が開催されるようになった（1960.10-1961.5）。このように、4.19革命で李承晩が辞任し、6月15日の改憲により新たな政体が成立され、後の1961年の5.16軍事クーデターが起きるまでの期間を「第2共和国」と称する。

## 3.15 不正選挙行為処罰のための改憲

　本文で述べたように、1960年7月の総選挙では野党民主党が圧勝する結果となった。人々は、経済的に困窮し、政治に対する不満も強く、反民主的な行為を繰り返し行ってきた政治家などの処罰を強く要求し、社会の変化、政治経済の改革への要望を民主党

に託したのである。しかし、民主党は内部対立に明け暮れ、3.15不正選挙や4.19革命時の発砲責任者などへの処罰はうやむやになるなど人々の反感が高まりつつあった。そして、10月11日、一連の学生たちが3.15不正選挙関連者の処罰などを求め国会を占拠するに至った。民主党はこれに危機感を覚え、3.15不正選挙関連者の処罰を規定した憲法改正案を作成し国家に提出、11月29日に賛成多数で可決されたのである（遡及立法憲法）。

## 5.16 軍事クーデター

　民主党政権に対する国民の期待とは裏腹に改革は進まず、政権内部では対立が激しさを増すばかりであった。その結果、1960年末頃になると尹潽善大統領を中心とした「旧派」が分党する事態となった(新民党結成)。張勉総理を中心とした「新派」との対立は日々激しさを増しつつ、1961年3月には尹潽善が張勉に対し総理職からの辞任を要求するに至り頂点に達した。このような政権内部での対立が続く中、1961年5月16日、当時陸軍少将だった朴正煕率いる約3,600人規模の軍人がソウルの主要機関を占拠する事件が発生した。張勉総理はアメリカ大使館に身辺保護を要請するも受け入れられず、ソウル所在の修道院に避難した。

　一方、クーデター発生直後、マグルーダー在韓米軍司令官（兼国際連合軍司令官）とグリーン在韓米国大使代理は張勉政権を支持する声明を発表したものの、ケネディ政権は情勢を見極める姿勢をとり、尹潽善大統領もまたクーデターに対する明確な立場を示さずにいた。このような状況下、クーデターを起こした軍部は、本格的な

権力の掌握に乗り出す。5月18日、張都暎陸軍参謀総長を議長とし、朴正熙を副議長とする「国家再建最高会議」を組織し、権力の基盤を固めていく（クーデター当初は「軍事革命委員会」）。同会議は、国会や地方議会、憲法機関などを解散させたほか、政党や社会団体の解散・活動中止を迫り、事実上すべての政治活動の禁止を強制したのである。

その中、1961年5月19日に尹潽善大統領が辞職を表明したが、張都暎や朴正熙が引き止めたことで翌20日には辞職表明を撤回。一方、5月21日、避難中の張勉が内閣総辞職を表明したことで、合法的に選ばれた尹潽善大統領と軍部が組織した「国家再建最高会議」が共存する権力構造となった。だが、実際には軍部の権力掌握のほうが強固であって、例えば、1961年6月に「中央情報部」（国家安全企画部に改称した後、現在の国家情報院に至る）を設置するなど権力の基盤を強めていく（金鍾泌が初代部長に就任）。

## 第3共和国

朴正熙は1961年7月に国家再建最高会議議長に就任したが、直後の8月には「旧悪の一掃」や「法秩序の確立」を行い、1963年頃には権力を「民政移譲」することを明言。一方、1962年3月、同会議は「政治活動浄化法」を制定し、5.16軍事クーデター以前に特定の地位にいた政治家や官僚の政治活動を禁じたが、これに反発し尹潽善が辞職。1962年12月になると、直接選挙による大統領の選出や大統領の任期4年、再任可（1回に限る）を骨子とする憲法改正案が国民投票にかけられ、約80%の賛成を得たことで成立、即

日に公布・施行された。これで「民政移譲」のための手続きは整ったのである。

　一方、1963年1月、金鍾泌は中央情報部長を退くとともに「民主共和党」結成を主導。2月には朴正熙議長が「民政不参加宣言」を行い、「民政移譲」のための軍部の対応が一段と進んだようにも見えた。ところが、同年8月、朴正熙は軍から退くとともに、民主共和党に入党。9月には同党の総裁に選出されたが、同時に10月予定の大統領選挙時の同党の候補者としても選出された。

　1963年10月、改正された憲法に基づく第5代大統領選挙が実施された。結果、朴正熙が46.6％を獲得し当選。対抗した尹潽善は45.1％を獲得、その他の群小候補の得票率は8％程度であった。同年12月、朴正熙政権が発足したことで、第3共和国が実質的に始まったのである。なお、第3共和国は、「維新体制」が構築される1972年10月まで続く。

### 政治体制の変動

　主権国家は、基本的に、他国からの干渉や介入を受けることなく、自国独自の方法により、政治指導者（代表）をはじめ、重要な政治経済システムのあり方や懸案事項などを決める。また多くの国では、政治指導者を選出する場合、一般的に、選挙（Election）を通して国民の代表を選出し、その代表による国政の運営が行われる、いわゆる「間接民主主義」制度を採用している（間接民制、代議民主制）。このような選挙制度は、一般的

に、誰でも投票できる「普通選挙」（⇔制限選挙）、票の重さが均等である「平等選挙」（⇔不平等選挙）、候補者を直接選ぶ「直接選挙」（⇔間接選挙）、投票内容の秘密が保障される「秘密選挙」（⇔公開選挙）の 4 原則に徹する。そのほかに、棄権に対する制裁如何の「強制選挙」（⇔自由選挙）、また記票の方式、複数の選択、投票の場所などによる区別方法もある。韓国では、選挙を「民主主義の花」と称し、その重要性を強調する。一方、選挙・投票とは違って、超法規的な方法により政治経済体制の変革を伴う場合もある。例えば、革命（Revolution）は、一般的には組織化された大衆による暴力的手段を用いた政治体制、または経済・社会システムの根本的な転換をもたらす行為を指す。主に支配・被支配階級（勢力）の転換が伴われる。これに対し、クーデター（coup d'état、coup）は、主に組織化された軍部による暴力的な手段を用いた政治体制の転換を意味するが、一般的に、支配・被支配階級の転換よりも、政治権力の代替が主な目的である場合が多い。

# 第3章　軍事政権時の政治経済

## 1. 国家主導の経済政策の特徴

### 「計画経済」政策

　解放とともに繰り広げられた左右対立、南北分断、朝鮮戦争、長期独裁体制の構築、一方でのインフレーションや失業問題の長期化に加え、政治に対する不信と、社会に蔓延する不正や腐敗など、これまでの統制と抑圧、不満が爆発し 4.19 革命に至った。しかし、第 2 共和国は、軍事クーデターによりわずか 1 年足らずで短命、新たな経済成長のための実験も水の泡になってしまった。解放後から続く政治経済の不安定さゆえ、人々が望む最大の課題は、安定的な生活のほかになかったのである。

　軍事政権の最大の目標もまた、社会の安定と経済の成長に焦点があてられた。さらに言えば、軍事政権の正統性を確立するためにも、安定と成長をいかに達成していくのかが重要な課題となった。そこで、軍事政権が着目したのが、第 2 共和国で試みようとした国家主導による経済成長政策である。朴正熙政権は、「第 1 次経済開発 5 カ年計画」を 1962 年から 1966 年までに実施することにしたが、こ

の期間における重点課題は、「自立経済のための基盤構築」であった。そのための具体的な方策として、電源開発や石炭増産を通してのエネルギー源の確保、また、それまでの「三白工業」中心の経済体制から脱却し、肥料やセメント、製糖、機械、製油などといった「基幹産業」の育成に力を入れようとした。さらに、農業生産力の拡大、社会間接資本（社会共通資本、社会資本、インフラストラクチャーなど）の拡充などが同時に進められることとなった。

　その結果、経済成長率（実質成長率）は、1962年に3.8%だったが、1963年に9.2%、1964年に9.5%、1965年に7.2%、1966年には12%として急激に伸びた。また、投資率は1962年に12.4%から1966年には18.2%に伸び、貯蓄率も1962年に0.8%から1966年には10.5%までに増加した。輸出額も1962年に5,480万ドルから1966年には2億5,370万ドルまで伸びることができた。

　同時に、この期間においては消費者物価も大きく上昇した。例えば、ソウルの消費者物価指数は1963年に21.4%、1964年には28.6%を記録した。また、経常収支も赤字のままであった。特に輸入が輸出を大きく上回る構造が定着し、慢性的な貿易赤字が長年にわたって続くこととなった。そのほかにも、後述するような「借款企業」をはじめとする「不実企業」問題などが浮上しつつあった。

## 「経済開発計画」の概要

| 区分 | 期間 | 目標 |
| --- | --- | --- |
| 軍事政権以前 | 1948-1957 | 自立経済の土台確立 |
| | 1960-1962 | 自立経済の基盤助成 |
| 第1次 | 1962-1966 | 自立経済の達成のための基盤構築 |
| 第2次 | 1967-1971 | 産業構造近代化、自立経済の確立促進 |
| 第3次 | 1972-1976 | 自立的経済構造達成、地域開発の均衡 |
| 第4次 | 1977-1981 | 自力成長構造確立、社会開発、技術革新・能率向上 |
| 第5次 | 1982-1986 | 経済安定基盤定着、競争力強化、雇用機会拡大、国民福祉増進 |
| 第6次 | 1987-1991 | 経済先進化、国民福祉増進 |
| 第7次 | 1992-1997 | 「新経済5カ年計画」と名称変更。21世紀経済社会先進化、民族統一志向 |

## 「外貨獲得」政策

　第2次経済開発計画は、計画策定段階においてアメリカやドイツから諮問団が参加するなど、第1次計画より体系的に検討された。1967年から実行された2回目の計画では、「産業構造の近代化」や「自立経済の確立」を目標に、重点産業を育成し輸出額7億ドル

を目指した。さらに、雇用の増進や国民所得の拡大、食糧の自給、緑化事業などが進められることとなった。一方、この第2次計画においては、約14億ドルの外国資本（外資）が必要とされたが、その外資の確保に大きな役割を果たしたのが1965年6月の日韓国交正常化に伴う経済協力であった。

当時、東アジア情勢は、アメリカがベトナム戦争への介入を本格化、中国が核実験を行うなどで緊迫化し、日韓両国の国交正常化に向けた交渉が急進展した。その中、1964年6月には請求権問題などを棚上げにしようとする軍部の動きに大規模な反対運動が展開された（6.3事態）、様々な問題点を残したまま1965年6月に日韓国交正常化に至った。そして、翌年から日本の経済支援が本格化し、6億ドル規模の無償・有償の経済協力、3億ドル以上の商業借款が行われた。無償3億ドルの資金協力は、農林水産業の振興と様々な資材の導入に充てられ、有償2億ドルは、鉱工業や社会関係資本の部門にその多くが充てられるなど、第2次計画の推進において大きな役割を果たすこととなった。

また、政府主導での海外への労働者派遣も積極的に推し進められた。例えば、1963年12月、西ドイツとの間で鉱山労働者派遣に関する協定が発効されたが、そのための派遣労働者の募集を行ったところ、194人の選抜に2,895人が応募する競争ぶりを見せた。その後、追加の募集を行い、初年度は247人が派遣されることとなった。「派独鉱夫」と呼ばれた彼らは、高い賃金を求め応募し、過酷な労働環境の異国に旅立った。1963年から1977年まで7,936人が派遣された。さらに、1959年からドイツへの看護師の派遣が始まったが、1971年7月に西ドイツとの看護師派遣に関する協定が締結さ

れたことでさらに増えることとなった。1976 年まで 11,057 人の看護師が派遣されたとされる。このような「派独労働者」による経済への貢献は、例えば、輸出額に対する韓国への送金額を基準に 1965 年に 1.6%、1966 年に 1.9%、1967 年には 1.8%を占める程であった。

　一方、1964 年 5 月、ジョンスン米大統領が韓国軍のベトナム派兵を正式に要請し、朴正熙政権がこれを受諾、同年 9 月に最初のベトナム派兵が行われた（医療、テコンドー教育など 140 人）。その後派兵規模が増加し、ベトナム戦争が終結するまで延べ人員 32 万 5,000 人あまりの韓国軍・関係者が派兵された（1973 年 3 月まで）。これはアメリカに次ぐ 2 番目の規模であった。

　しかし、1969 年 7 月にニクソン・ドクトリン以降に米軍撤収が本格化し、韓国軍の撤収も余儀なくされていく。なお、韓国政府は、ベトナム派兵の成果の一つとして、「国内産業の発展に寄与」したと評価したが、その一方ではこの戦争で 5,000 人あまりが死亡、約 11,000 人が負傷、さらに 5 万人ともいわれる「枯葉剤」（除草剤の一種）による被害者が出たのも事実である。また、勝者のない戦争に参戦し、戦争犯罪を起こすなど、様々な批判の声もある。

**重化学工業の育成**

　前述したように、第 1・2 次計画における最大の目標は「自立経済」の基盤づくり、基幹産業の育成であったが、第 3 次計画では（1972-1976）、機械や鉄鋼、船舶など、重工業分野の育成に焦点があてられた。1973 年 1 月、朴正熙大統領が年頭記者会見で「重

化学工業」の育成を強調するほど、同分野の重点的な育成が重要視された。第3次計画の推進過程では1973年10月に第1次オイルショックが発生したが（石油波動）、当時はまだ軽工業品を中心とした輸出産業構造であったため影響は少なかったとされる。

　その後、アメリカを中心とした市場拡大が背景となり、当初1980年頃に輸出額100億ドルの達成を目標としたが、1977年12月に達成することができたのである。この時点で輸出先は133カ国に大幅に増加し、10大輸出品目のうち9品目が工業品、そのうちの3品目が重化学製品であった。また、1961年の一人当たりの国民所得は82ドルに過ぎなかったが（北朝鮮の約40%）、1977年に1,006ドルを記録した。

　一方、重化学工業分野を育成するため、関連企業への低金利での貸出や減税、補助金制度を設けるなど優遇措置をとったが、その結果1973年から1979年までの全体投資額のうち19.3%が重化学工業分野に集中された。そのため、過剰投資・過剰競争の問題が生じるなどの弊害が現れた。この問題を解決すべく、1980年代に政府主導での同分野の事業縮小や企業間の統廃合などが進むようになったのである。なお、政府の重化学工業分野への優遇措置により、「財閥企業」の拡大につながったこと、政治と経済の癒着や産業間の不均衡、輸出依存の深化などの問題が浮上してきた。

## 2. 朝鮮半島をめぐる国際情勢

**ベトナム戦争との関連性**

　ここで話を少し前に戻し、ベトナム戦争をはじめとする東アジアの国際情勢について再考してみよう。

　そもそも第2次世界大戦後のベトナム情勢は、北緯16度を境に北側は国民政府軍が、南側はイギリス連邦軍が進駐することになった（南側は後にフランス軍に代わる）。同じ時期、亡命生活を終えベトナムに戻ったホーチミンは1945年9月にベトナム民主共和国を樹立し統一した独立国家を目指す。しかし、インドシナを植民地支配してきたフランスがホーチミンに反発し、両者間で戦闘が勃発。長い戦闘の末、1954年7月、ジュネーブでの和平協議をもって停戦した。この協議では一時的なベトナムの分断を維持しながらも、1956年7月までにベトナム全域での統一選挙を実施することが合意された。

　しかし、アメリカは最終的には同意せず、実質的にフランスの傀儡政権であったベトナム国に挺入れする。さらに、1955年10月、アメリカの傀儡政権であるゴ・ディン・ジエム（ゴ・ジン・ジエムなど）を初代大統領とするベトナム共和国が樹立、統一選挙を拒否するなど、ベトナム民主共和国との対立を鮮明にした。そのうえ、アメリカからの軍事・経済援助に傾斜し、一方では権力の独裁化や土地改革の失敗などで知識人や農民の反発を買ったのである。1960年12月、多様な思想や階級、宗教代表者からなる「南ベトナム民

族解放戦線」が結成されたことで、より組織的な反政府運動が広まる。その中、1963年11月2日にクーデターが発生、政権が崩壊したことで南側の混乱はさらに拡大していく。

　一方、1963年11月22日、ケネディ大統領（1961.1-1963.11 ）が銃撃で倒れたことで、ジョンソン副大統領が昇格されたが、以降アメリカはベトナムへの本格的な軍事介入を開始する。特に、1964年8月、「トンキン湾事件」をきっかけに（トンキン湾を巡視中の米駆逐艦を北ベトナムが魚雷攻撃したとされる事件）、1965年2月から「北爆」が開始された。ジョンソン政権は、北ベトナム主導でのベトナム統一、ベトナムの共産化を防ぐための最も強力な手段として本格的な軍事介入を選択したのである。このようなアメリカのベトナム戦争への介入過程で進められたのが、日韓国交正常化であり、韓国軍のベトナム派兵であった。

　戦闘が激しさを増す中、米地上軍の投入も本格化し、前述したような韓国をはじめとする同盟諸国による軍事介入が本格化する。しかし、アメリカ主導のベトナム戦争は一進一退の状況が続き、戦況は拮抗する。その中、1968年1月に北ベトナム側が正月に際して南ベトナム全域における総攻撃を開始（テト攻勢）。アメリカ・南ベトナムに大打撃を与え、戦争の流れは大きく変わっていく。同年5月、アメリカと北ベトナムで休戦に向けた協議が始まった。また、ここで注目すべき点の一つに、中国が1964年10月に核実験を行い、1967年6月には水素爆弾実験を実行、さらに、1970年4月には人工衛星を打ち上げ、1971年9月には大陸弾道ミサイルの発射実験を行うなど戦略国家として浮上してきたことがあげられる。

## ニクソン・ドクトリン

　1968年11月、米大統領選挙でベトナム戦争の終結を訴えた共和党候補のニクソンが当選、1969年1月に政権発足となった。1969年7月、ニクソン米大統領（1969.1-1974.8）はグアムでの記者会見で、「核兵器を含む大国の脅威を除き、アジア諸国に対する軍事介入を回避する。安全保障面での同盟諸国の自助努力が必要」であると述べた。ニクソンはその後のテレビ演説や外交教書においても対外政策の転換について語ったが、グアムでの方針表明だったことから「グアム・ドクトリン」、後に「ニクソン・ドクトリン」と呼ばれるようになった。

　ニクソン・ドクトリンの影響は甚大であった。なによりベトナム戦争をそれ以上拡大せず、「名誉ある撤退」を模索したことがあげられる。また、その過程で進められたのが中国との関係改善である。1971年7月、ニクソンは記者会見で訪中することを発表し世界を驚かせたが、その直前にはすでにキッシンジャー米大統領特別補佐官が秘密裡に訪中し準備を整えたのである。そして、1972年2月、ニクソンが中国を訪問し、初の米中首脳会談が行われた。首脳会談後には米中共同声明が発表されたが、そこには「いずれの側も、アジア・太平洋地域における覇権を求めるべきでな（い）」と記され、さらには「中華人民共和国政府は中国の唯一の合法政府であり、台湾は中国の一省であり（中略）…再確認した」という中国側の「一つの中国」政策への支持が明記された。

　米中関係に大きな変化が現れる中、1973年1月、南北ベトナムやアメリカによるパリでの和平協定が締結された（パリ協定、ベト

ナム和平協定など）。すでにベトナムからの米軍撤退が進んでいたが、この協定をもって米軍は完全に撤退する。その後、ベトナム情勢は再び内戦状態となり、1975 年 4 月にサイゴン（現ホーチミン市）が北ベトナムによって陥落された。1976 年 4 月、南北統一選挙が行われ、同年 7 月にベトナム社会主義共和国の樹立をもって名実ともにベトナムは完全統一された。一方、1975 年にはベトナム・カンボジア戦争が勃発、1979 年には中越戦争が勃発するなど、東アジア共産諸国の分裂もまた必至となったのである。

**朝鮮半島情勢の緊迫化**

　一方、ベトナム戦争の激化をはじめとする東アジア国際情勢の急変に伴い、朝鮮半島情勢も同時進行する形で緊迫化してきた。例えば、1968 年 1 月 21 日、北朝鮮の特殊部隊によって韓国大統領府である青瓦台襲撃事件が発生した（青瓦台襲撃未遂事件、1.21 事態など）。また、その二日後の 1 月 23 日には、北朝鮮が米海軍の情報収集艦プエブロ号を拿捕、乗組員を拘束する事件が発生した。米朝対立が激化する中、軍事衝突の恐れが高まった。ところが、最終的にはアメリカが謝罪し、同年 12 月にプエブロ号の乗組員全員が解放されたことで一段落する（1 人死亡、82 人釈放）。なお、プエブロ号はそのまま北朝鮮で展示されることになった。

　さらに、1969 年 4 月には日本厚木基地から情報収集のために出発した米海軍の偵察機（EC-121 機）が北朝鮮の戦闘機により撃墜される事件が発生した（乗組員 31 人全員が死亡）。ニクソン政権は強力な報復を明言し、韓国周辺での軍事力増強を試みるものの、

最終的には軍事的衝突はなく終息した。その後も1969年12月の大韓航空機ハイジャック事件、1970年3月のよど号事件（赤軍派による日航機「よど号」ハイジャック事件）、1970年6月の韓国海軍放送船ハイジャック事件など、朝鮮半島情報は険しい状況が続いた。

　その後、前述したようなアメリカの対外政策の方針転換が行われる中、今度は在韓米軍の大幅な削減が進められた。朴正熙政権は米軍の撤退に強く反発したが、ニクソン政権時に段階的な米軍撤収が始まり約2万人規模の米軍が引き上げられた。もちろん、韓国もまた安全保障に関する「自助努力」の一環として、1971年8月に南北赤十字社間の協議を行い、1972年5月と6月には南北特使の相互訪問を実現させ、また1972年7月4日には南北の統一に関する共同宣言に合意するなど（南北共同声明、7.4南北共同声明など）、南北関係改善に乗り出した。

　ところが、朴正熙政権の「自助努力」は前述の南北関係改善への対応のほかに、「独自の核開発」という方策で自国の安全保障力を高めようとした。このような朴政権の核開発に向けた自助努力は、1971年末頃から原子力関連の人材育成に関する大統領の指示に加え、フランスやベルギー、カナダからの使用済み燃料の再処理設備の導入の試みなどといった形で具現化されていく。しかし、アメリカは朴正熙政権の核開発計画に反対の意見を明確にし、特に再処理設備の導入の中断に迫る。結果的に韓国政府は1976年1月、フランスからの再処理施設導入を延期したことで、独自の核開発計画も中断したとされる。

# 第4章　維新体制下の政治経済

## 1. 「維新体制」の構築過程

### 「国家非常事態」宣言

　朝鮮半島情勢が緊迫していた頃、朴正煕政権はもう一つの「自助努力」を進めたが、それは長期政権の構築であった。現行の憲法のままでは、「再任」規定により朴正煕大統領は 1971 年春には退任し再び出馬することはできない状況であった（1967 年 5 月の第 7 代大統領選挙で 51.4%の得票率で当選）。そこで出てきたのが再任を 2 回まで可能とする改憲案であった。1969 年 1 月、与党民主共和党が改憲の可能性を示唆し、同年 7 月に朴正煕大統領もまた特別談話で改憲の意思を表明した。

　朴正煕の大統領三選を可能とする改憲の動きに対する反対運動が広まる中、1969 年 9 月に与党側議員だけでの「大統領の継続再任は 3 期に限る」を骨子とする改憲案が強固採決された。同年 10 月、いわゆる「三選改憲」案が国民投票にかけられ、賛成 65.1%、反対 31.4%で成立した。そして、この改正された憲法に基づき、1971 年

4月に第7代大統領選挙が行われ、現職の朴正熙が得票率53.2%で当選したのである。

　一方、野党新民党（第2章の新民党とは異なる）候補の金大中もまた45.2%を得票し、朴正熙とは約8%の差を示す結果となった。特に、ソウルでは金大中が30万票以上の差をつけたほか、京畿道、全羅南道・全羅北道でも優位を占める結果となった。当時、韓国社会は、不安定な世界情勢の中で輸出中心の経済成長戦略が功を奏し、援助経済から脱却しつつ、慢性的なインフレーションや高失業率も改善されつつあった。同時に、工業化・産業化に伴い、人口の「離農」と「都市への集中」が現れる中、農村部は与党の支持が強く、逆に都市部では野党が支持を得る「与村野都」現象が起きていた。

　「与村野都」現象は、その後の1971年5月に実施された総選挙でより鮮明となった。全204議席中、与党は過半数を超える113議席を確保したものの、改憲に必要な2/3には至らず、なによりソウルでは全19議席中に1議席しか確保することができなかった。これに対し野党新民党はソウルで18議席を確保した。朴正熙大統領が「中国の国連加入」（台湾に代わって国連安全保障常任理事国となる）や「北朝鮮の侵略準備」など韓国の安全保障が脅かされていることを理由に「国家非常事態」宣言を出したのは同年12月のことであった。この宣言では、言論の安保論議の禁止、国民の自由の制限などといった内容が盛り込まれた。

## 「不実企業」整理

　一方、韓国経済は外貨をベースに消費財を輸入し国内で販売する企業が大きく成長したが、その外貨は、主に「借款」がベースとなっていた。いわゆる「借款企業」の多くは、国内市場において独占・寡占の立場であったため、国内での価格競争が起きにくい状況であった（国際価格に比べ2倍以上との指摘もある）。また、中長期的な観点に立つ技術・設備の投資が進まず、企業の国際競争力にも疑問視する声が上がってきた。

　さらに、自己資本率が低く貧弱な財務体制に加え国内設備投資が重複・過剰し、そこから起因する負債の増加が喫緊の課題として浮上してきた。政府は事態の深刻さを認識し、1969年5月に青瓦台に「不実（借款）企業」を整理するための専門部署、「外資管理室」を設置するに至る。「外資管理室」は発足直後に83の借款企業のうち45%が「不実」であると発表し、企業の統廃合を進めるなど、国家レベルでの緊急対策が取られたのである。しかし、前述したような中長期的な観点での経済構造改革、もしくは経済成長政策ではなく、根本的な経済体質の改善までには至らなかった。

　その中、1971年8月、ニクソン大統領は米ドルの金兌換制度を一時停止すると発表した。すでにアメリカの金保有高では世界各国が保有するドルをカバーしきれなくなってきたための措置でもあった。ブレトンウッズ体制の根幹が揺れ動く中、各国通貨に対するドル安が進み、それに伴うドルに対する円高、さらにはニクソン政権の高金利政策などにより、韓国企業の財務状況は急速に悪化し、多くの企業が倒産の危機に直面するようになった。

朴正熙政権は1972年8月2日、「経済安定と成長に関する緊急声明」を発表し、相次ぐ企業の倒産に歯止めをかけようとする。翌日に実施されたことから「8.3 措置」と呼ばれたが、この特別措置の最も重要な内容とは、社債の調整を通しての企業負債の軽減であった。その一環として、すべての企業の社債を一時凍結した。言い換えれば、「8.3 措置」は、本質的な企業の財務状況を改善し、産業構造の合理化を図るのではなく、一時的な延命措置ともいえる政策であった。このような一時的な安定化措置が取られたことで、輸出中心の産業構造はさらに膨張することになる。

## ニクソン・ショック後の世界

　アメリカ政府は、ベトナム戦争の拡大・長期化による財政支出が膨らみ、国際収支が悪化、金兌換の準備量をはるかに超えた多額のドル紙幣の発行を余儀なくされた。そのため、金兌換を保証できなくなったのである。1971年8月15日、ニクソン米大統領は、米ドルと金との交換を停止すると発表（金兌換停止）。これをドル・ショック、ニクソン・ショック（Nixon Shock）ともいう。同年12月、世界経済の混乱を防ぐため、アメリカをはじめとする先進10カ国の代表がワシントンのスミソニアン博物館に集まり、金1オンス＝35ドルの基準を、38ドルに調整。また各国の為替相場の変動幅を従来の上下1%から、2.25%まで拡大した。この協定をスミソニアン協定（Smithsonian Agreement）といい、ここから変動相場制に移行するまでの世界金融体制をスミソニア

ン体制という。しかし、1973年2月に日本が変動為替相場制（変動相場制）に移行、同年3月には西欧諸国がこれに同調したため、スミソニアン体制は崩壊した。1976年1月、ジャマイカのキングストンでIMFの主要国が集まり、変動相場制を正式に承認（追認）、IMFの特別引出権（Special drawing rights, SDR）が金を代替し準備資産とする、また金とドルを分離、いわゆる「金の廃貨」（金本位制廃止）が決定された（1978年発効）。

### 「維新体制」構築

　前述の国家非常事態、経済と関連した緊急声明が出された後、1972年10月17日には「大統領特別宣言」が出されたが、この特別宣言には国際情勢・朝鮮半島情勢の急変に対応するため、国会の解散や政治活動の禁止、憲法の一部条項の停止、さらには非常国務会議での憲法改正案を作成し国民投票にかけることなどが盛り込まれた。同時に、全国規模で非常戒厳令が敷かれるとともに、大学は休校となり、言論や出版の事前検閲が強まった。

　1972年11月、前述の特別宣言に基づき、7回目となる改憲案が作成され国民投票にかけられた。結果、91.5％の賛成で成立された。改正された憲法では、新たに「統一主体国民会議」を構成することとなったが、同会議は統一政策を審議し、憲法改正案について最終的に議決する権限をもつほか、国会議員の1/3を選出することができた（維新政友会）。なにより、同会議で大統領を選出することとなったことが最大の特徴であった。また、大統領の権限として、国会を解散することができるほか、緊急措置として憲法上の国民の権

利を一時停止させることができた。なお、大統領の任期は6年としたが、「再任」の規定がなく、継続して立候補することができたのである。

　この改正された憲法に基づき、1972年12月5日に「統一主体国民会議」の代議員を選出する国民投票が行われ、2,359人の代議員が選出された。また、代議員の選出と同時に同会議が開かれ、単独立候補した朴正熙が賛成2,357人、無効2人、99.9%の得票率で第8代大統領として選出された。この改正された憲法を「維新憲法」といい、この憲法に基づき新しく大統領を選出した時期から1980年10月までを「維新体制」と呼ぶ（1972年10月の大統領特別宣言からとする見解もある）。ちなみに、朴正熙は1978年7月の第9代大統領選挙に立候補し当選する。

## 2.　維新体制をめぐる葛藤

### 金大中拉致事件

　維新体制が構築される頃、当時国会議員であった金大中は日本に滞在していたが帰国を断念する。その後は日本とアメリカを行き来しながら海外での韓国の民主化に専念。1973年7月6日、アメリカでの「韓国民主回復統一促進国民会議」（韓民統）米州本部を結成した後、7月10日には韓民統の日本支部結成や支持者らとの会合のために来日した。日本での支部結成後には再び渡米する予定となった。

ところが、1973年8月8日、滞在先の東京グランドパレスホテルから自由民主党の宇都宮徳馬衆議院議員との面談に向かおうとした矢先、韓国政府関係者らにより拉致され、大阪に連れ去られる事件が起きた。その後、海上に投げ捨てられるところで救出され、8月13日にはソウルの自宅前で解放された。事件直後、ホテルから韓国大使館関係者の指紋が検出されたことから、日本が韓国大使館に協力を要請するも拒否されるなど、日韓関係が悪化した。

　1973年11月、金鍾泌総理が訪日し、朴正煕大統領の「金大中拉致事件に関する遺憾の意」を田中角栄首相に伝え、日本側もまた問題視しないことを伝えたとされる。悪化一路となった日韓関係の改善がみられたものの、事件の真相が明らかになることはなかった。一方、金大中が解放された後の1973年8月13日、日本では「韓国民主回復統一促進国民会議日本本部」が結成された（15日に宣布大会を開催）。なお、事件発生当時においては真相究明が進まなかったが、2004年11月に「国家情報院過去事件真実究明を通しての発展委員会」が発足し、ここで当時の中央情報部が関与したことが明らかになった。

**緊急措置**

　日韓関係がぎくしゃくする中、韓国国内では金大中拉致事件の真相究明や維新体制への反対、改憲を要求する動きが広まっていく。1973年10月、大学生を中心に維新体制への反対運動が展開され、言論や宗教など様々な分野の関係者、高校生までが維新反対の抗議活動に参加。また、1973年12月、張俊河や白基玩が中心となり、

改憲請願のための100万人署名運動を展開。開始10日で30万人の署名が集まった。

朴正熙政権は1974年1月、「緊急措置」第1号を制定し、現行憲法の否定や反対、非難する行為、また憲法の改正や廃止などに関する一切の行為を禁止するとした。そのうえ、これらの禁止事項に違反した場合、令状なしで逮捕することができ、「非常軍法会議」にて15年以下の懲役や15年以下の資格停止（公務員になれる権利や選挙権などの制限）に処することを可能とした。また、第1号とともに制定された緊急措置第2号では、前述した「非常軍法会議」設置に関する内容が定められた。すでに緊急措置第1号で逮捕された張俊河・白基玩は、緊急措置第2号で規定された「非常軍法会議」において、それぞれ懲役15年、資格停止15年が言い渡された（なお、張俊河は同年12月に健康悪化で釈放されたが、1975年8月に謎の死を遂げる）。

さらに、1974年4月には緊急措置第4号が制定されたが、これに基づき「全国民主青年学生総連盟」（民青学連）関係者など180人を国家転覆などの容疑（内乱罪）で逮捕し、「非常軍法会議」に起訴した。そのうち「人民革命党」（人革党）関係者23人が起訴され、8人に死刑が言い渡された（1975年4月に執行）。また、逮捕者の中に二人の日本人が含まれていたことから、日韓関係はさらに混迷する（民青学連で逮捕された二人の日本人は1975年2月に釈放される）。なお、2005年12月、前述の「国家情報院過去事件真実究明を通しての発展委員会」は民青学連・人革党事件は捏造であったことを発表。2009年9月にはこの事件に対する無罪が言い渡されたが、その後も被害者への賠償命令が続く。

## 維新体制下の大統領緊急措置

| 第1号 | 1974年1月8日 | 憲法を否定、反対する行為禁止 |
| 第2号 | 1974年1月8日 | 緊急措置違反者に対する非常軍法会議設置 |
| 第3号 | 1974年1月14日 | 国民生活の安定のための大統領緊急措置 |
| 第4号 | 1974年4月3日 | 民青学連活動禁止 |
| 第5号 | 1974年8月23日 | 第1号、第4号の解除 |
| 第6号 | 1974年12月31日 | 第3号の解除 |
| 第7号 | 1975年4月8日 | 高麗大学校休業 |
| 第8号 | 1975年5月13日 | 第7号の解除 |
| 第9号 | 1975年5月13日 | 国家安全と公共秩序の守護のための大統領緊急措置 |

※第9号では憲法を否定する行為、学生の政治的な行為、緊急措置そのものを誹謗するなど、より広範囲に及ぶ処罰条項が含まれていた。

## 文世光事件

　1974年は韓国政治においても、また国際政治においても大きな変化の年であった。同年1月には中国と南ベトナム共和国（臨時政

府）との間で西沙諸島の領有権をめぐり戦闘が発生した（西沙諸島の戦い）。4月にはポルトガルで軍事クーデターが発生し、独裁政権の終焉につながった（カーネーション革命、リスボンの春など）。また5月にはインドが核実験を実施し、中央アジア情勢が緊迫化した。さらに、8月に入るとウォーターゲート事件で弾劾を恐れたニクソンが辞任、副大統領のフォードが大統領職を継承した。

　このような状況の中、1974年8月15日に文世光が「8.15」記念式典で朴正熙大統領の暗殺を試みる事件が発生。暗殺は失敗に終わったが、大統領婦人の陸英修が銃撃を受け死亡。文世光はその場で取り押さえられたが、1974年12月には裁判で死刑が確定され直後に執行された。この事件の正式名称は、「在日僑胞文世光による朴正熙大統領狙撃未遂事件」（韓国国家記録院）であるが、「文世光事件」とも呼ばれる。

　一方、文世光が吉井美喜子の協力のもと、夫の吉井行雄という名前の旅券で韓国へ入国したこと、さらに所持していた拳銃が大阪警察署のものであったことなどが判明（日本側の調査内容と異なる部分あり）。このような理由から韓国では反日運動が広がりつつ、1974年9月に抗議活動の参加者が日本大使館に乱入するなど、日韓関係は基本条約締結以来最大の危機に直面する。その後、日本政府が謝罪のための使節団を派遣し、またアメリカの仲裁もあったことから、徐々に関係回復に向かうこととなった。また、この事件で国内政治情勢はより厳しい権力の統制に置かれることとなった。

　しかし、それでも民主化を要求する動きは続き、1975年春になると高麗大学をはじめとするソウル大学や梨花女子大学、中央大学、建国大学などの学生が中心となり維新反対運動が展開された。また、

1976年3月には金大中をはじめとする尹潽善や文益煥、咸錫憲などの野党・在野のリーダーたちが明洞で緊急措置の撤廃や言論・集会の自由を訴える「民主救国宣言書」を発表するに至った（明洞事件）。

# 第5章　ソウルの春

## 1. 新軍部の台頭

**ソウルの春**

　維新体制をめぐる様々な出来事が相次ぐ中、1976 年 11 月に行われた米大統領選挙の結果、人権外交を前面に掲げるとともに、在韓米軍の撤収を公約の一つとして訴えた民主党候補カーターが当選。1977 年 1 月にカーター政権（1972.1-1975.1）が発足、直後から米軍撤収に関する米韓首脳間の書信交換が始まった。朴正熙政権は、以前から米軍撤収には否定的であったため、両国間の意見は平行した。また、カーター政権は「南北＋米」3 カ国の首脳会談開催にも意欲を見せたが、朴正熙政権は米軍撤収に伴うパワーバランスの崩壊が最大の関心事であった。このような背景もあり、1979 年 6 月に行われた米韓首脳会談で朴正熙は米軍撤収の問題点について言及し、カーターは韓国の人権問題に言及するなど、両者の意見対立が鮮明となり「最悪の首脳会談」とも言われるほど米韓関係は悪化した。

米韓関係がぎくしゃくする中、1979年10月26日、朴正熙大統領が最側近の一人でもあり、当時中央情報部長だった金載圭の銃撃により死亡（10.26事件、10.26事態、朴大統領暗殺事件など）。翌日から崔圭夏国務総理が大統領職を代行したが、同時に全国に戒厳令が敷かれる（済州島を除く）。また、戒厳司令官は鄭昇和陸軍参謀総長が兼任することとなったが、鄭昇和は10.26事件に関する戒厳司令部合同捜査本部長に全斗煥（陸軍少将）を任命した。その後の12月6日、「統一主体国民会議」において単独で立候補した崔圭夏が第10代大統領として選出される。就任式は12月21日を予定としていた。

　ところが、1979年12月12日、全斗煥や盧泰愚第9師団長（陸軍少将）を中心とした軍部が大統領の承認無しで、鄭昇和などを逮捕し拘束する事件が起きた。軍内部の私的な組織（私組織）である「ハナフェ」（ハナ会、1950年代に始まったとされる）メンバーを中心とした軍事クーデターであった（12.12軍事反乱、12.12事態など）。いわゆる「新軍部」の政治への関与が強まりつつ、政治情勢はさらに混とんとしていく。

　崔圭夏政権は、新軍部の影響力が増していく中、限定された形での民主化措置をとっていく。その一つが維新体制下で拘束された政治犯などの赦免・復権であった。例えば、1979年12月23日、前の緊急措置で拘束・懲役刑を受けた政治家や学生などを赦免、釈放する措置をとった。また、1980年2月、金大中や尹潽善をはじめとする687人の政治家や学生、言論関係者などの復権が決定された。

　このような状況の中、3月には大学の新学期が始まることで、復活しつつあった「学生会」を中心に民主化要求が強まっていく。5

月に入ると学生を中心とした新軍部に対する抗議活動が全国に広がり、5月10日には全国23の大学の学生代表者による非常戒厳令の解除や軍部の退陣を要求、抗議行進を計画した（13日予定）。また、12日には与野党が非常戒厳令の解除や改憲について議論することに合意し、15日は与野党が「直接選挙による大統領選出」などを定めた憲法改正案の合意に達した。そして、5月20日、臨時国会が行われる予定となった。いわゆる「ソウルの春」が訪れたのである。

## 5.18 光州民主化運動

　ソウルの春は、10.26事件以降に全国各地に広まった民主化運動を意味する。国家安保と経済成長を理由に抑圧されてきた人々の自由意思が爆発し、学生・市民の民主化要求につながった。不当な非常戒厳令の解除や軍部の退陣、ひいては改憲を要求する人々の動きは日々強まりつつあった。そこで、全斗煥を中心とした新軍部は、「民主化運動の背後に北朝鮮がある」といった「北朝鮮背後説」、さらには「もうじき北朝鮮が攻めてくる」のような「北朝鮮南侵説」を主張し、民主化運動を分裂させ、新軍部の権力の座を固めようとした。そして、新軍部は1980年5月17日24時（事実上5月18日0時）を起点に非常戒厳令を全国に拡大し、すべての政治活動の中止や抗議活動の禁止、言論の事前検閲が始まり、大学は休校となった。さらに、18日には金大中や金鍾泌をはじめとする在野のリーダーたちが逮捕されたが、金泳三の場合は軟禁状態に置かれることとなった。

しかし、非常戒厳令が拡大された5月18日、全国唯一ともいえる抗議活動が展開された地域があった。全羅南道光州市に位置する全南大学校の学生と軍・警察が衝突、市民をも巻き込みながら負傷者が続出する事態となった。19日、軍部隊が市民に向け発砲。これに光州市民・学生がさらに反発し、両者間で銃撃戦が繰り広げられるようになった。多数の死亡者が発生する中、市街戦として拡大していく。

　1980年5月27日、光州市全体が完全に封鎖されたところ、再び軍の作戦が開始され、全羅南道道庁を根拠地として抵抗を続けていた光州市民・学生との間で銃撃戦が起きる。市民側で多数の死者が発生したが、軍が光州市全体を統制できるようになったことで、一連の衝突が終息。この10日間での市民の被害は甚大であり、1988年の政府発表では死者191人、負傷者852人とされた。一方の市民団体などからは、死者や負傷者、行方不明者合わせて数千人に上るとも報告された。さらに、軍による暴力は老若男女問わずに行われ、光州市民に大きなトラウマを残したのである（5.18光州民主化運動、光州抗争、光州民衆抗争など）。

　一方、逮捕された金大中は1980年9月の軍事裁判で「内乱陰謀」などの理由で死刑を宣告された。直後に上告したが、1981年1月の大法院（最高裁）で死刑が確定された。しかし、アメリカなどの圧力もあり、直後に死刑から無期懲役に減刑された。その後再び懲役20年に減刑された後、最終的には「政治活動をしない」ことを約束する代わりに、1982年12月に事実上アメリカへ亡命することとなった。一連の判決においては、前述したアメリカの影響もあっ

たが、日本での救命運動も加わるなど、世界からの多くの支援が影響したとされる。

## 光州民主化運動、その後

韓国「国家記録院」によれば、光州民主化運動時には市民 162 人、軍 23 人、警察 4 人が死亡したとされる（前述の政府発表とは異なる）。一方、「民主化運動記念事業会」は、死者や負傷者、行方不明などは 5,000 人を上回るとの見解を示す。さらに民間調査では被害者数はより多いと推定されるなど、未だに不明な点が多く残されている。一方、1988 年 4 月に行われた総選挙で野党が圧勝したことを受け、国会では光州民主化運動の真相究明や被害者への補償に関する議論が本格化した。1990 年 8 月に「光州民主化運動関連者補償等に関する法律」が制定され、1995 年 12 月には「5.18 民主化運動等に関する特別法」が制定されるなど被害者への補償が本格化した。1997 年には 5 月 18 日が国家記念日として制定されたが、2011 年には 5.18 関連政府資料や金大中裁判記録、市民による声明・証言、写真などがユネスコ世界記録遺産に登録されるに至った。なお、金大中は 1997 年 12 月の大統領選挙で野党候補として立候補し当選、1998 年 2 月に大統領に就任した。2003 年 2 月の退任後には 1980 年の内乱陰謀に関する事件に対し再審を請求、2004 年 1 月に無罪宣告を受けた。ちなみに、光州民主化運動を題材にした映画や小説なども多く、映画の場合、「ペパーミント・キャンディー」（原題：박하사탕, 1999 年）をはじめ、当時の軍作戦名とされた「華麗なる休暇」（原題：화려한 휴가, 2007 年）、また「タクシードライバー」（原題：

택시 드라이버, 2017 年) などが注目を集めた。

## 強まる社会統制

　新軍部は光州民主化運動を武力で押しつぶした後の 5 月 31 日に従来の「国家再建最高会議」を土台とした「国家保衛非常対策委員会」(国保委) を設置し権力を行使した。新軍部の影響力が強まる中、崔圭夏は 1980 年 8 月 16 日に大統領を辞任。8 月 27 日に行われた「統一主体国民会議」で全斗煥が単独立候補し大統領に選出された。9 月、全斗煥が第 11 代大統領に就任。10 月、新軍部は前政権との差別化を図ると同時に、政権の正統性と持続性を確保するため、「大統領の任期を 7 年、再任不可」、「大統領は、大統領選挙人団による選出」などを骨子とする改憲案を取りまとめ、国民投票にかけた。賛成多数で確定された新憲法のもと、1981 年 2 月、今度は「大統領選挙人団」による間接選挙方式での第 12 代大統領選挙が行われることとなった。

　そこで新軍部は、「大統領選挙人団」を政権に有利な方向で構成するために、1981 年 1 月に新軍部主導の与党「民主正義党」(民正党) を結成し、その直後に野党「民主韓国党」(民韓党)、韓国国民党 (国民党) の結成にも関与。このような理由から、当時新軍部下の野党を「官制野党」、「免許政党」、「衛星政党」などと呼んだのである。このような過程を経て、2 月の「大統領選挙人団」による大統領選挙が行われたが、4 人の立候補者のうち、与党民正党候補の全斗煥が 90.1％の得票率で大統領に選出されたのである。そ

のほか、民韓党候補 7.7％、国民党候補 1.6％、民権党（国保委関与人物中心）候補 0.5％となった。全斗煥が 3 月に就任、第 5 共和国が始まった。

　新軍部が権力の基盤を固めていく過程においては、社会統制の強化も同時に行われた。例えば、新軍部は 1980 年 7 月に「不良者一掃」を目的とした作戦を立案し（三清計画 5 号）、翌 8 月からは強制連行が始まり約 6 万人が逮捕された。そのうち約 4 万人が 1980 年 8 月 4 日から 1981 年 2 月 5 日までに軍部隊に設置された訓練所（三清教育隊）に強制的に入隊させられたのである。

　また、1980 年 11 月には「政治風土刷新特別措置法」を制定し、金大中や金泳三、金鍾泌など 800 人を超える在野・野党指導者、また前政権への協力者の政治活動を制限した。その期間、全斗煥政権の任期終了後の 1988 年 6 月までとした。このうち、596 人が再審を請求し、268 人が救済されたものの、半数以上がそのまま規制の対象となった。さらに、11 月には「健全なる言論の育成と発展」を名目に既存の新聞社や通信社、放送局の統廃合を強制したが、この過程で統廃合に反対した理由などで記者をはじめとする関係者 900 人以上が強制的に辞職させられた（1,500 人程度とする見解もある）。

## 2. 新冷戦下の新軍部政策

### 正統性の確保・維持

　維新体制が崩壊し新軍部が台頭する頃は、国際情勢が激動する時期とも重なった。1970 年代後半、イラン革命に続き第 2 次オイルショックが起きたが、同年 12 月にはソ連軍がアフガニスタンでの軍事作戦を本格化した。これに反発しアメリカは 1980 年予定のモスクワオリンピックをボイコットし、その対抗措置としてソ連が 1984 年予定のロサンゼルスオリンピックをボイコットするに至った。さらに、1980 年 9 月にはイランとイラクとの間で戦争が勃発するなど、中東情勢・中央アジア情勢は混乱を極め、世界経済も不安定化した。世界情勢は「新冷戦」と呼ばれる時代へと突入したのである。

---

#### 新冷戦時代の国際情勢

　1980 年 9 月に勃発したイラン・イラク戦争は 1988 年まで続いた。この間、レーガン政権はイランへの武器輸出を禁止しイラクを支援する。ところが、その一方でアメリカは密かにイランへの武器を輸出し、その売却代金の一部をニカラグア反政府ゲリラ（コントラ）支援に流用したことが明らかになった。ニカラグアでは 1979 年に革命が成功し独裁政権に終止符が打たれたが、レ

ーガン政権は革命政府のソ連やキューバへの接近に反発し介入したのである（イラン・コントラ事件、イラン・コントラ・ゲート事件）。同じ頃、紛争は世界各地に広まり、例えば、1982年3月にはフォークランド紛争勃発、1983年10月にはレーガン政権がソ連などへの接近を強めるグレナダを侵攻、1984年4月には中越国境紛争勃発、1986年4月に再びレーガン政権がリビアを爆撃するなど、各地で摩擦が生じた。この間、1983年9月にはアメリカから韓国に向かう大韓航空007便がソ連領空を侵犯したとしてソ連の戦闘機に撃墜される事件が発生。乗客・乗務員269人全員が死亡した（搭乗者にはアメリカやイギリス、日本など世界各国の人が含まれた）。また、1983年10月、ミャンマー（当時ビルマ）で北朝鮮による爆弾テロ事件が発生。韓国政府関係者など多数が死亡した。

---

　世界情勢が混とんとする中、1980年11月の米大統領選挙で「強いアメリカ」を訴えた共和党候補のレーガンが当選を果たし、1981年1月に政権発足となった（1984年11月の選挙で再選を果たし、レーガン政権は1989年1月まで続く）。レーガン政権は、前のカーター政権時の人権外交から一転し、「反共」と「自由」の度合いを強めた様々な政策を前面に打ち出した。対外的には、ソ連を「悪の帝国」（evil empire）と非難し、「戦略防衛構想」（Strategic Defense Initiative, SDI）、いわゆる「スターウォーズ」構想に代表されるような軍拡政策を推し進めた。また、経済の面においては、「小さな政府」を標榜する新自由主義政策を積極的に進めていく。

新軍部は、レーガン政権の政策に歩調を合わせることで、政権の正統性・持続性を保とうとした。1981年1月末、レーガン政権発足間もない時点で訪米した全斗煥大統領は2月にレーガンとの首脳会談に臨み、戦闘機の購買や米市場の開放を約束する代わり、米軍撤収計画を白紙化することにこぎつけた。また、この米韓首脳会談で韓国は、日本の安全保障において韓国の寄与する部分が多く、日本は韓国への経済協力に積極的に望むべきであることを説明し、アメリカの理解と協力を求めた。

　新軍部が実権を掌握しつつあった頃は、前述したオイルショックが発生、新冷戦時代とも重なり、国内経済事情も悪化し1980年にはマイナス成長となった。政治面においても不安要素が多く、レーガン政権との協力関係の構築は政権が抱える不安要素を振り落とす好機となった。また、アメリカを仲介しての日本との経済協力が円滑に進めば、経済成長につなげることはもちろん、政権基盤を固め長期政権の構築も可能となる。実際、韓国は1981年4月、日本に対し100億ドル規模の経済協力を打診し、両国間で協議が本格化したが、交渉は長引いた。ところが、1982年11月に中曽根康弘が政権の座に就くと急進展し、1983年1月に中曽根が訪韓し日韓首脳会談が行われたが、ここで40億ドル規模の借款提供が合意されたのである。

**宥和政策**

　1981年9月、ドイツで行われた国際オリンピック委員会（International Olympic Committee, IOC）においてソウルが、最

終候補地として競合していた名古屋を破り、第 24 回オリンピック開催地として選ばれた。また、同年 11 月にはソウルでのアジア競技大会の開催が確定されるなど、大型の国際イベントの開催決定が相次いだ。

　しかし、新冷戦という新たな国際情勢の中、共産諸国の参加が一つの課題になったほか、多くの外国人が訪韓することに対する対策もまた喫緊の課題として浮上してきた。このような状況を考慮し、新軍部はそれまでの社会統制を段階的に緩和し始めた。象徴的な出来事の一つとして、1982 年 1 月の「夜間通行禁止」の廃止があげられる。「夜間通行禁止」は、1945 年 9 月、米軍政とともに始まったが、その後において一部の地域や年末年始などといった一時的な解除が行われていたが、全面解除となったのは、施行からして 36 年 4 カ月ぶりであった。権利としての移動の自由が回復されたが、またサービス部門における雇用や観光客の増加につながることが見込まれた。

　さらに、前述の「政治風土刷新特別措置法」で禁止されていた政治活動が段階的に解除されるようになった。1983 年 2 月に 1 次解除、1984 年 2 月に 2 次解除、同年 11 月に 3 次解除が行われた後、1986 年 3 月には対象者すべてが政治活動禁止から解除された。その間、1983 年 3 月には中高生の「教服自律化」（制服自由化）が実施されたが、同年 12 月には大学の「学園自律化」措置が行われ、校内に常駐していた警察などが引き上げられた。また、学生運動などで除籍された 1,363 人の復学が認められたほか、大学から解雇された教授 86 人の復職が行われた。

一連の措置により、大学での「学生会」結成が再び活発化したが、新軍部は統制可能であると判断したとも考えられる。実際、新軍部の一連の統制緩和措置は、学生・市民が望むような全面的な民主化措置には至らなかった。例えば、1986年3月までに金泳三や金大中などといった在野のリーダーたちは依然として政治活動に制限がかかっていたし、学生・市民運動もまた厳しい監視のもとにおかれたままであった。

　一方、政治的な「自由」は制限されながらも、文化の面での「自由」は拡大されていく。1982年3月、新軍部の半ば強制的でありながらも全面的な支援により、三星グループやテレビ放送局の文化放送（MBC）などを含む6球団が創設され、プロ野球の試合がスタートを切った。また、1983年5月にはプロサッカーの試合も始まる。さらに、新軍部は、テレビや映画産業の活性化にも積極的に関与した。しかし、1982年に詩人金芝河の詩集が発売禁止となり、1985年には「韓国美術20代力」の展示会において警察が作品を強制撤去し関係者を連行するなど、新軍部の厳しい検閲が続いたのも事実である。

## 三低好況

　ここで改めてレーガン政権の主な政策について振り返ってみよう。前述したように、レーガン政権の政策理念は「反共」と「自由」であった。特に、後者の場合、新自由主義政策に基づく、政府の市場への介入の縮小、減税と規制緩和、公企業の民営化などといった「小さな政府」政策が進められた。すでにイギリスでは1979年5

月にマーガレット・サッチャーを首班とする保守党政権が発足し、いわゆる「サッチャリズム」（Thatcherism）と呼ばれた新自由主義政策が推し進められているところであった。第2次世界大戦後、「ゆりかごから墓場まで」（from the Cradle to the Grave）という言葉として表現されたイギリスの福祉を重視する社会政策に大きな変化が表れ始めた。日本でもまた中曽根政権下、公企業の民営化など新自由主義政策が行われていた時期でもある。

一方、レーガン政権は、1985年9月にニューヨークのプラザホテルで行われた先進5カ国の財務相と中央銀行総裁の会合においてドル高の是正を主張し、主要国との為替是正の合意に至った（プラザ合意）。世界主要国の為替市場はすでに、ニクソン・ショック以降において変動相場制に移行していたが、さらなるドル安政策が推し進められたのである。また、米連邦準備制度理事会（Federal Reserve Board, FRB）は1970年代末から10%を超える長期政策金利（10年国債）を運用していたが、1980年代半ば以降低金利政策へと転換した。その結果、1981年9月に15.82%と最高値を記録したが、以降下方修正されていく。ちなみに、これまでの最安値としては2016年7月の1.36%である。

プラザ合意により、それまでのドル円の為替は1ドル240円台を維持したが、1985年末になると1ドル200円台まで変動する一方、同時に円に対するウォン安が進んだ。そのため、日本と競合する輸出品目が国際価格競争の上で優位を示すようになった。また、アメリカの低金利政策により、外資償還の負担が軽減され、経常収支の改善がみられるようになった。さらに、1985年12月になると

OPEC がそれまで固定していた原油価格を廃止したことで油価が下落し始め、韓国の負担も軽減されるようになった。

このような韓国の輸出産業に有利な「低為替レート」に加え、アメリカの「低金利」政策が進められ、さらに「低油価」が重なったことで（三低好況、三低現象）、韓国は 1986 年に 12.9%の経済成長率を記録。以降、1997 年 12 月の IMF 通貨危機までに高成長が続いた。世界銀行から「アジアの奇跡」、「アジアの 4 頭の虎」と評価されたほか、国際社会から新興工業国（Newly Industrialized Countries, NICs）、新興工業経済地域（Newly Industrializing Economies, NIEs）などとも呼ばれるようになった。

高度経済成長は、家電や自動車の普及など生活面での変化をもたらし、いわゆる「中産層」の増加がみられるようになった。さらに、世界的にもアメリカを中心とした「自由」を強くアピールするポップカルチャーが広まり、韓国でもこれに共鳴する若い世代が増えてきた。オリンピック開催を予定していたこともあって、これまでのような社会統制は一段と難しくなってきたのである。

# 第6章　民主化の波

## 1.　6月民主化運動

**受け継がれる「光州精神」**

　第5章で述べたように、光州民主化運動は、多くの犠牲者を出しながらも、新軍部の武力鎮圧によって挫折した。学生・市民は、新軍部が自国民への軍事作戦を実行したことに対して憤りを覚えたとともに、このような軍事力の行使に対するアメリカの事実上の「沈黙」ともいえる姿勢にも憤慨した。さらにいえば、アメリカの沈黙は新軍部の軍事力行使への「黙認」とも考えられた（カーター政権が事前に状況を把握していたとの見解あり）。このような理由もあり、それまでの軍事政権反対や直接選挙のための改憲、社会の民主化などを中心とした民主化運動に、「反米」の色合いが加味されるようになり、民主化運動は複雑な様子を呈しつつあった。

　実際、1980年12月、カトリック系の農民運動活動家や全南大学生が中心となり「光州アメリカ文化院」を放火する事件が起きた。また、1982年3月には釜山地域の大学生による「釜山アメリカ文化院」放火事件、1982年4月には江原大学生によるアメリカ国旗

焼却事件、1982年11月には「光州アメリカ文化院」に対する2回目の放火事件、さらに1983年9月には「大邱アメリカ文化院」爆破事件、1985年5月には「ソウルアメリカ文化院」占拠事件など、「反米」抗議活動が相次いだ。

　一方、1980年代半ば以降になると全国規模の民主化運動組織が台頭してくる。例えば、1983年9月には光州民主化運動以降の最大の市民組織として「民主化運動青年連合」（民青連）が結成された。メンバーの多くは大学時代に民主化運動に参加した経験があり、「ソウルの春」を主導した人物も多数が参加した。民青連は、1983年11月のレーガン大統領の訪韓反対運動、1984年4月の4.19革命関連の記念行事、同年5月の光州民主化運動関連の記念行事を主導するなど様々な活動を展開した。

　また、軍部の厳しい監視と統制が続く中、民青連の活動に触発され様々な市民団体が発足するようになった。例えば、1985年3月、既存の「民衆民主運動協議会」と「民主統一国民会議」を統合した形で「民主統一民衆運動連合」（民統連）が結成された。議長には文益煥牧師が就任し、民主化運動の一翼を担うこととなった。なお、民統連は1989年1月に「全国民族民主運動連合」（全民連）の創立をもって解散する。

　また、前述したように、新軍部の一連の統制緩和措置により、1980年代半ばから多くの大学で「学生会」が結成されたが、この学生会を基盤とした民主化運動や反米・統一運動が盛んになっていく。例えば、1985年5月に全国から集まった大学生1万人が光州民主化運動の真相究明を求め抗議活動を行ったほか、1986年10月には建国大学校で約2千人の学生が軍部独裁に反対する抗議運動を

展開し、約 1,500 人が連行され、うち約 1,300 人が拘束されることもあった（建国大学占拠事件、愛学闘連事件）。このような動きは 1987 年 7 月の「全国大学生代表者協議会」（全大協）結成につながり、以降の大学運動を主導することになる。

**改憲運動**

　民主化運動が大衆運動として組織化されていく中、在野・野党からの「改憲」要求も強まっていく。最も、その火付け役となったのが金泳三のハンガーストライキ（ハンスト、断食闘争）とされる。繰り返しとなるが、そもそも新軍部の宥和措置は学生・市民が求めるような軍事政権の終息と改憲による直接選挙による大統領選出、言論・出版の自由といった社会全般における民主化を想定したものではなく、あくまでも軍事政権を維持するうえでの制限された自由化措置であった。これに反発し、1983 年 5 月に金泳三は光州民主化運動 3 周年に合わせ、言論の自由や政治活動制限の解除、直接選挙による大統領選出を要求し、23 日間のハンストを行ったのである。在米中の金大中が支持を表明しホワイトハウスまで行進するなど、国内外で大きく報じられた。

　国内外の民主化要求に対して新軍部がとった措置の一つが、第 5 章で述べた政治活動制限の解除であった。段階的でありながらも政治活動が許容されたことから、新党結成の動きも活発化していく。1984 年 5 月 18 日、金泳三・金大中を中心とし「民主化推進協議会」（民推協）が結成されたが、この民推協や旧新民党議員などが糾合し 1985 年 1 月に新韓民主党（新民党、第 2 章・第 4 章の新民党と

は異なる）の結成に至った。その後の 2 月 8 日には金大中が亡命先から帰国し軟禁状態となったが、金泳三とともに新民党活動に積極的に関与する。このような動きが重なり、2 月 12 日に実施された総選挙では新民党が第 1 野党として躍り出ることができたのである。

　このような組織的な民主化運動や新民党の躍進などを背景に、1986 年 2 月に金大中や金泳三を中心とした改憲運動が本格化する。アジア競技大会、ソウルオリンピックも迫ってきており、国際政治もまたゴルバチョフ政権の登場により、東欧共産諸国の体制転換が行われるなど、国際政治が冷戦終焉に向かう中、韓国政治の変動が迫りつつあった。全斗煥大統領は 1986 年 4 月、これ以上の民主化の動きを強硬に塞ぐことは難しいと判断、与野党合意による改憲の可能性に言及したが、8 月になると与党が内閣制を基本とする改憲案を発表するなど、憲法改正に対する政権側のより柔軟な姿勢がみられた。

## 6月民主化運動

　国際情勢が急変する中、東アジア諸国にも「民主化の波」が押し寄せてきた。1986 年 2 月にはフィリピンでピープルパワーによるマルコス独裁政権に終止符が打たれたが（People Power Revolution）、台湾でも 1986 年に野党を黙認することで一党独裁体制が見直された後、1987 年には長年続いてきた戒厳令が解除された。また、中国はすでに改革開放政策が進展し、経済成長とともにより急進的な改革を主張する共産党員や知識人の台頭が目立つようになった。1989 年 4 月、軟禁状態にあった共産党改革派の一人

胡耀邦の死をきっかけに、学生・市民の抗議活動が展開され多くの死傷者が発生するに至った（天安門事件）。

韓国政治情勢もまた刻一刻変化していく中、1987年1月14日にソウル大学生朴鍾哲が警察の拷問により死亡する事件が起きた。真相究明、民主化を要求する抗議活動が全国に広まる。危機感を覚えた新軍部は1987年4月13日、直接選挙による大統領選出を行うための改憲作業を保留するとの声明を出した（4.13 護憲措置）。政権側は、情勢の沈静化を図ろうとしたが、この「4.13 護憲措置」に刺激され、同年5月には野党や市民団体、学生運動組織、宗教界などが参加する「民主憲法争取国民運動本部」が発足するなど、民主化運動はさらに活発になっていく。

その中、1987年6月9日、延世大学生李韓烈が警察の催涙弾に直撃され、こん睡状態に陥る事件が発生（李韓烈は7月5日に死亡）。6月10日から抗議活動がさらに激化、ソウルだけで100万人規模の抗議活動が行われるようになった。参加者も学生や市民、在野・野党指導者、宗教界、教育関係者、中高生など、広く各界各層が参加するようになった。このような6月の民主化運動は、その後の政治・社会情勢に大きな影響を及ぼすこととなり、そのような意味から「6月民主化運動」、「6月民主化抗争」、「6月抗争」などと呼ばれる。

ついに、与党民正党代表の盧泰愚は1987年6月29日、国民の直接選挙による大統領選出を受け入れることを宣言（6.29 宣言）。1987年10月、直接選挙による大統領選出、大統領の任期5年、再任不可を骨子とする改憲が行われた。改正された憲法には、全文に「平和的統一」が記されたほか、言論の自由など国民の基本権の拡

大も明記された。そして、同年12月、直接選挙による第13代大統領選挙が行われた。与党候補の盧泰愚36.6%、野党候補の金泳三28%、同じく野党候補の金大中27%の結果となった。野党側の候補単一化が失敗し、これが最大の原因となり新軍部出身の盧泰愚が当選したのである。1988年2月に新政権が発足、任期は1993年2月までとなった（第6共和国）。

## 2. 社会の多様化

### 広がる市民運動

　6月民主化運動は、直接選挙による大統領の選出という大きな政治的な成果を上げただけでなく、社会全体の民主化にも大きな影響を及ぼした。例えば、1987年7月から全国各企業で労働組合を組織する動きが強まり、また労働者の権利の確保・拡大を主張する動きも活発になってきた（労働者大闘争）。もちろん、それまでも労働基準法などで労働者の権利は明記されていたが、軍事政権下でそのような権利を主張・行使することは事実上不可能に近かった。1970年11月、全泰壱が自らの命を絶ちながら叫んだのが「勤労基準法を守れ」、「我々は機械ではない」といった言葉だったことを考えると、それほど労働環境は劣悪な状況であって、権利を主張することもまた厳しい統制下にあったといえよう。

　しかし、民主化の進展とともに労働者の権利主張は強まりつつ、過去のような強固な方法でもって鎮静化を図ることはできなくなっ

たのである。韓国「雇用労働府」によれば、労働組合の結成状況は1986年時点で2,658カ所だったが、1987年になると4,086カ所、1988年には5,598カ所、1989年には7,861カ所と急増する。このような状況が一つのきっかけとなり、韓国は1991年に「国際労働機構」（International Labour Organization, ILO）に加入することができたのである。

また、1989年5月に「真の教育」の実現を目標と掲げ、全国の幼稚園・小中高の教員による「全国教職員労働組合」（全教組）が結成された。しかし、盧泰愚政権は、全教祖が現行法に違反したとして不法団体とみなし、加入教職員約1,500人を解雇した。それでも教員による教育改善や教員権利の確保に向けた活動は継続され、1993年2月に金泳三政権の発足とともに、解雇されたほとんどの教員が復職することができたのである。また、金大中政権時の1999年1月には「教員の労働組合設立及び運営などに関する法律」（教員労組法）が国会で採決されたことで、法的な地位を得ることができるようになった。

さらに、1989年に「経済正義実践市民連合」（経実連）、1993年に「環境運動連合」、1994年には「参与民主主義と人権のための市民連帯」（参与連帯）など、全国規模での市民運動団体の結成が相次いだ。ちなみに、現職のソウル市長朴元淳は「参与連帯」の創設メンバーでもある。

## 文化の多様化


　民主化の進展は、表現の自由や文化の多様化という形としても現れた。例えば、大学では民主化運動を主導する学生が中心となり、政治集会や時事関連の討論会などが活発に行われたが、ほかにも「歌う探す人たち」に代表されるような社会批判的な音楽をはじめ、演劇やパフォーマンスなども幅広く親しまれた。また、大学の学園祭では統一問題や民主化などをテーマとしたシンポジウム、模擬裁判などの行事も数多く行われた。このような大学独特の文化を「大学文化」、「民衆文化」、「運動圏文化」とも呼ぶ。

　一方、1987 年 8 月には政府の指定により「禁止曲」とされた 382 曲のうち、186 曲が「解禁」された。また、9 月には放送禁止された約 500 曲が「解禁」されるなど、より自由な音楽活動が可能となった。このような社会的な情勢もあって、すでに 1970 年代後半から始まったテレビ音楽番組がさらに注目されるようになった。例えば、イソニ、柳列、申海澈、李尚恩など、大学生を中心としたテレビ放送での音楽活動が一層活発になったのである。

　また、1980 年に始まった TV ドラマ「田園日記」をはじめ、1984 年に「愛と真実」、1987 年には「愛と野望」などの作品が人気を博した。数多くのドラマが制作され、多くの人に好かれるようになったことが基盤となり、1990 年代のテレビドラマブーム、韓国ドラマのグローバル進出を牽引したとされる。一方、1983 年 6 月、韓国放送公社（KBS）の番組「離散家族探し」が放送されたが、5 日間の放送で約 5 万人が放送局を訪ね、また最高視聴率 78%を記録した。さらに、1980 年代からは映画産業も急成長し、数多くの

作品が人気を得るなど、大衆文化の黄金期ともいわれるようになった。

## さらなる権利の拡大

　一方、1987年2月、21の女性団体からなる「韓国女性団体連合」が結成されたが、同年3月には「韓国女性労働者会」が結成されるなど、女性の権利を拡大しようとする動きも活発化した。このような状況を背景に、1987年12月には雇用や賃金の男女平等化を図るべく、「男女雇用平等法」が制定されるに至った。さらに、1991年には家族法の改訂により、女性の財産権や養育権などの拡大も進むようになった。ちなみに、韓国では2001年に政府機関として「女性府」が設置されたほか(現女性家族府)、2008年には「戸主制度」が廃止された。

　また、民主化の進展とともに、全国各地の高校で学生会を結成する動きや直接選挙による学生代表を選出するための高校生運動が広まった。その結果、1988年末頃には全国約400の高校で学生代表を直接選挙で選出するようになったとされる。特に、盧泰愚政権が全教組教員を解雇したことに反発し、全国の高校生による大規模な反対運動が展開されるなど、高校生の政治活動が注目された。なお、このような高校生運動は、植民地時期の「光州学生運動」を原点とし、4.19革命への政治参加、軍事政権時の維新反対運動などといった歴史的な脈略があるとされる。

　各分野で民主化が進むとともに、個人の権利も大幅に拡大されていく中、それまで厳しく制限されていた海外旅行の自由化が行われ

るようになった。例えば、1983年1月、50歳以上、200万ウォンを1年間預貯金することを条件に、1年に1回限りの海外旅行が可能となった。その後、年齢制限が45歳に引き下げられたが、さらに1988年1月には40歳、同年7月には30歳までに引き下げられた。そして、1989年1月になると海外旅行の全面自由化が実施された。渡航前に行われた、いわゆる「反共教育」も1992年に廃止され、大学生を中心とした「リュック旅行」が流行るようになった。

# 第2部 冷戦終結後の韓国政治経済

　改革派として知られたゴルバチョフが1985年3月にソ連共産党書記長に就任する。ゴルバチョフは就任直後から市場経済システムの導入を目指しつつ、アメリカやイギリスなど競争関係にあった第1世界諸国との相互依存・協調を図るなど冷戦体制の終息に踏み込もうとした。いわゆる「新思考外交」政策のもとで西欧諸国との関係改善、軍縮、さらには中国や韓国との関係改善が進められた。

　政権初期には政策転換に対する抵抗も強くみられたが、1986年4月のチェルノブイリ原発事故を契機に情勢は一変する。この事故を隠蔽・縮小しようとした政府内の動きに対する国内外からの強い批判が上がる中、ゴルバチョフはこの批判をばねにして「グラスノスチ」（公開）と呼ばれる情報公開や報道の自由を幅広く容認した。ゴルバチョフの決定は「ペレストロイカ」（再建）政策の後押しになることが期待されたが、同時にエリツィンのようなより急進的な改革を訴える人物の登場にもつながった。

　一方、ゴルバチョフは米ソ対立を終息することを目指し、1986年10月にアイスランドでの米ソ首脳会談において軍縮に合意。1987年7月にはアフガニスタンからのソ連軍の撤退を表明した（1989年2月までに完全撤退）。また、1987年12月、ワシントンでの米ソ首脳会談では大幅な核兵器の削減や中距離核戦力全廃条約（Intermediate-Range Nuclear Forces Treaty, INF）に署名するなど、核軍縮にも積極的に取り組んだ。このような過程を経て、1989年12月にマルタ島での米ソ首脳会談では冷戦終焉の宣言が行われ

た。ヤルタから始まった冷戦がマルタにて終焉したことから、「ヤルタからマルタへ」と呼ばれるようになった。

このようなソ連の政策転換は、東欧共産諸国の政治経済変動を催促し、市場経済体制の導入や政治の民主化が進むようになった。例えば、ポーランドの場合、1989年2月に政府側と労働組合側（連帯）が会合を開き、政治や経済システムの改革に合意した。4月、一党独裁が見直され「連帯」が合法化された。6月に総選挙が行われ、「連帯」が圧勝。9月には東欧共産諸国では初の非共産党系政権が誕生した。12月、国名を「ポーランド人民共和国」から「ポーランド共和国」へと変更。1990年12月には「連帯」の指導者ヴァウェンサ（ワレサ）が大統領に就任した。なお、1999年にNATO加盟、2004年にはEUへの加盟に至る。

最も、冷戦終焉を象徴する出来事として東西ドイツの統一があげられる。そもそも東西ドイツは冷戦時代において様々な交流を行っていたが、それはあくまでも冷戦体制の中での出来事であった。実際、当時のホーネッカー国家評議会議長（兼ドイツ社会主義統一党議長）は、東欧共産諸国の情勢が急変する中でも既存の社会主義路線に固執し、ゴルバチョフとも対立を繰り広げていた。ところが、1989年10月の政治局会議で突然の解任に迫られ、翌11月には政府側がベルリンの壁を即時に解放すると誤った発言をし、実際のベルリンの壁の崩壊につながった（国境開放、自由往来）。1990年8月、東西ドイツの「統一条約」が締結される。同年9月、占領国である米ソ英仏に東西ドイツが加わり「ドイツ最終規定条約」が調印された後（1991年3月発効）、10月に東ドイツが西ドイツに編入される形で統一が成し遂げられた。

東欧共産諸国の相次ぐ体制転換、なにより東西ドイツの統一を目の当たりにし、ソ連でも民主化や自由化を要求する動きがより活発化する。1990年3月にはソ連邦初の大統領選が行われゴルバチョフが初代大統領となったが(1990.3-1991.12)、1991年6月にはソ連邦を構成するロシア共和国（ロシア・ソビエト連邦社会主義共和国）でも大統領選が行われエリツィンが当選した（1991.7-1999.12）。エリツィン就任直後の1991年8月にクーデターが発生するも、市民などの激しい抵抗にあい失敗に終わる。以降、共産党の活動停止、独立国家共同体（Commonwealth of Independent States, CIS）の創設、そして1991年12月25日、ゴルバチョフがソ連邦大統領から辞任することを表明した（12月31日辞任）。このような状況下、ロシアがソ連邦の国連での地位や核兵器などを継承し、ソ連が崩壊。第2次世界大戦後に続いた「冷戦」（Cold War）が名実ともに終焉したのである。

# 第7章　冷戦終結の連動性

## 1. 揺れる朝鮮半島情勢

**統一運動**

　冷戦終焉は朝鮮半島情勢にも大きなインパクトを与えた。すでに韓国は 6 月民主化運動を境に社会の多様化が進み、同時に学生・市民運動もまた大きく変化しつつ、1980 年代後半からは統一問題が社会的に注目されるようになってきた。例えば、1988 年 3 月、ソウル大学生が板門店での南北大学生による会談を提案。この提案に金日成総合大学の学生委員会が賛同し、同年 6 月に学生会談の開催に向けた南北大学生の動きに注目が集まった。しかし、盧泰愚政権は、統一問題の「窓口単一化」を理由に南北大学生による会談を許可することなく、さらにこのような民間レベルでの統一運動の拡大に危機感を覚え、政府レベルでの積極的な対策を講じていく。例えば、1988 年 7 月 7 日、盧泰愚大統領は南北間の交流や自由往来、経済協力などを骨子とする特別宣言を打ち出した（7.7 宣言）。
　ところが、その直後に在野指導者などが「汎民族大会」開催に向けた大衆運動を展開し、12 月には北朝鮮の「祖国平和統一委員会」

が同大会の支持を表明した。このような動きに対し盧泰愚政権は関係者を連行するなど強固な措置をとり始めたが、1989年3月には「全民連」顧問であった文益煥牧師らが政府の承認のないまま訪朝し金日成主席と会談。社会的な波紋を起こした。文益煥は4月に帰国したが、直後に国家保安法違反で逮捕・拘束された。しかし、その後も民間レベルでの訪朝が続き、1989年6月には韓国外国語大学生の林秀卿が「全代協」代表として平壌を訪問し「世界青年学生祝典」に参加したことが、さらなる波紋を投げかけた。同年8月、林秀卿もまた帰国とともに国家保安法違反で逮捕・拘束されたが、このような民間での活発な動きは、統一問題が決して政府だけの課題ではないことを広く国民に知らしめることとなったのである。

このような経験を背景にさらに組織的な統一運動が活発化し、1990年8月には民間主導での南北及び海外同胞が参加する1回目の「汎民族大会」がソウルと平壌で開催された。11月にはベルリンで「祖国統一汎民族連合」（汎民連）が発足し、以降の1999年までに南北及び海外で「汎民族大会」が行われた（2000年6月の南北首脳会談の開催を機に中断）。また、1998年9月には北朝鮮が同年6月に組織した「民族和解協議会」のカウンターパート（counterpart）として、韓国の与野党や市民団体からなる「民族和解協力汎国民協議会」（民和協）が発足するに至る。

## 北方政策

一方、前述の「7.7宣言」では「ソ連、中国をはじめとする社会主義国家との関係改善」が含まれており、実際盧泰愚政権は社会主

義諸国との関係改善に向け積極的に働きかける。後に「北方政策」と名付けられた新たな対外政策は、かつて西ドイツがソ連や東ドイツなど東欧共産諸国との関係改善のために進めた「東方政策」（東方外交とも）をモデルとしたとされる。そして、1988年10月7日、「7.7宣言」の後続措置として「対北経済開放措置」が行われた。北方政策は、統一問題をはじめ朝鮮半島情勢の主導権を確立するうえでも、また北朝鮮を国際舞台に導き出し、体制転換を促すためにも重要な役割を果たすとされた。

　さらに、盧泰愚大統領は1989年9月、国会において「韓民族共同体統一方案」を打ち出した。統一の原則として「自主・平和・民主」を表明、南北首脳会談を通しての民族共同体憲章を採択し、南北統一の過渡的な体制として「南北連合」を提案した。その後、統一憲法に基づく総選挙を実施、統一国家を樹立することが提唱された。1980年10月、北朝鮮が提案した「高麗民主連邦共和国方案」とは異なる内容もあったが、類似点もみられた。

　その後、韓国は1990年9月にソ連との国交正常化にたどり着くことに成功し、1992年8月には中国との国交正常化を成し遂げるなど、政府の積極的な「北方政策」の推進が行われた。その間、1991年9月には南北同時のUN加入が果たされ、1991年12月には南北が統一に関する基本原則を再確認するとともに、「和解、不可侵、交流・協力」を盛り込んだ「南北間の和解と不可侵及び交流、協力に関する合意書」にこぎつけた（南北基本合意書）。さらには同年12月に「韓半島の非核化に関する共同宣言」が仮署名され、1992年1月に正式に署名されることとなった。

## 日朝会談

　この時期に注目すべき点として、まず、「日朝接近」があげられる。1989年1月、日本で社会党（現社民党）総会が行われた際、北朝鮮の朝鮮労働党代表団の参加が可能となったが、このことは日朝関係における新たな変化の兆しとして受け取られた。実際、同年3月、竹下登首相は国会答弁で北朝鮮を含む朝鮮半島に対する植民地支配に関する反省と謝罪の意を表明し、そのうえ、「朝鮮民主主義人民共和国との間においても（中略）…関係改善を進めていきたい」と述べ、北朝鮮との国交正常化に向けた協議の開催を示唆した。

　このような日朝関係改善の雰囲気が醸成されていく中、1990年9月に朝鮮労働党と自由民主党、社会党の代表は、「日本の過去の植民地支配に対して深く反省する謝罪の意を表明」するとともに、「できるだけ早い時期に国交関係を樹立すべきであると認める」などの内容が含まれた共同宣言に合意した。3党による共同宣言の直後の10月には、第十八富士山丸事件で拘束されていた船員が釈放・帰国を果たすことができた。

　そして、1991年1月、日朝間で国交正常化に向けた本会談が始まる。1965年6月の日韓基本条約では、韓国を朝鮮半島での唯一の合法政府としていたため、日朝間での国交正常化が実現されれば地域情勢もまた大きく変化することになる。しかし、会談が進むにつれ互いの要求に隔たりが広がり、1992年11月の8回目の本会談で日本が「李恩恵」問題を提起したことで会談は中断、以降7年以上開催することはなかった。なお、1987年11月の大韓航空機爆破事件の犯人とされた金賢姫の証言によれば、李恩恵は北朝鮮で日本

語教育を担当した日本人とされた。後に拉致被害者の一人である田口八重子と断定された（日本政府認定）。

## 2. 継続する核危機

**核疑惑**

　この時期に注目すべきもう一つの点は、北朝鮮の核問題が浮上したことであった。北朝鮮は1985年12月、不拡散条約（Treaty on the Non-Proliferation of Nuclear Weapons, NPT）には署名したものの、書類不備などの問題で同条約に基づく国際原子力機構（International Atomic Energy Agency, IAEA）との保障措置（セーフガード, Safeguards）の合意には至らなかった。この保障措置を締結することで、IAEAによる核施設への調査が可能となる（いわゆる「核査察」）。そして、冷戦が終結に向かう中、1980年代後半から寧辺の核施設に国際社会の注目が集まるようになりつつ、1991年1月の湾岸戦争とその後のイラクでの広範囲に及ぶ大量破壊兵器（Weapons of mass destruction, WMD）に関する査察が行われるようになったこともあって、アメリカなどは寧辺の核施設に対する核査察の必要性を強調するようになったのである。

　一方、1991年7月、ジョージ・H・W・ブッシュ政権（1989.1-1993.1）のヨーロッパや朝鮮半島からの米戦術核兵器の撤退に加え、同年11月には盧泰愚大統領による朝鮮半島非核化宣言が行われるなど、北朝鮮の核問題は融和ムードの中で平和的な解決が模索され

た。特に、朝鮮半島全体の非核化の見地から北朝鮮の核問題が考察されたことが一つの特徴といえる。前述したように、1991年12月には南北相互の体制を認めることや南北の不可侵、協力などが含まれた南北基本合意書が締結されたが（1992年2月発効）、さらに同年12月には朝鮮半島の非核化に関する共同宣言が行われるなど、朝鮮半島情勢も大きく変わっていく。

そして、1992年1月、北朝鮮がIAEAとの間で保障措置に合意したが、4月には最高人民会議で保障措置締結が批准された。5月、北朝鮮が核施設関連の冒頭報告（イニシャル・レポート）を提出したことで、IAEAによる寧辺地域における核施設への検証が可能となったのである。同じく5月、IAEAの核査察チームが訪朝し、寧辺での1回目となる核査察を実施した。この1回目の査察後、査察団は、北朝鮮の核施設は技術的に30年前のもので老朽化し、同施設での核兵器級のプルトニウムを生産することに懐疑的である立場を明らかにした。

**核危機**

ところが、IAEAは1992年7月の2回目の核査察以降、北朝鮮が提出したイニシャル・レポートでのプルトニウム量と実際に抽出した量に差異があり、それを検証するためには申告対象でなかった施設への特別な核査察が必要であると主張した。その背景には、アメリカの衛星写真資料の提供が決定的な根拠とされたが、この要求に対し北朝鮮は、当該施設が「軍施設」であると主張し、さらに特

別査察を行うのであれば韓国内の米軍施設も対象として行うべきだと繰り返し要求した。

1993年2月、IAEAは、北朝鮮が特別核査察を受け入れなければ、1カ月後にこの問題を国連安全保障理事会に付託するとした。また、同年3月には一度は中断されていた米韓による合同軍事演習「チームスピリット」（1976-1993年、1992年のみ中止）が再開されることで、さらに北朝鮮に圧力をかけた。

このような状況下、北朝鮮は1993年3月12日、国連安全保障理事会にNPTからの脱退を表明する書簡を送付する。NPT第10条では、加盟国が「自国の至高の利益を危うくしていると認める場合には、その主権を行使してこの条約から脱退する権利を有する」と明記されており、脱退する3カ月前に通知することとなっている。つまり、1993年6月になると北朝鮮はNPTから脱退することとなり、IAEAによる核査察などもできなくなる可能性が高まった。

なにより、もしNPT脱退が実現すれば、国際法制度上から北朝鮮の核開発を統制できるような枠組みがなくなることを意味した。NPT条約で脱退の権利が明記されているとはいえ、実際に脱退を表明したり、脱退に至ったりした加盟国はこれまでなく、アメリカをはじめとする国際社会は新たな課題に直面したのである。国際社会は、いかにして北朝鮮をNPTの枠組み内にとどめることができるか、このことが喫緊の課題となった。そのため国連での北朝鮮のNPT脱退をめぐる議論が進む一方、米朝高官レベルでの協議も同時に進められた。1993年6月、7月には米朝間での平和的な問題解決に向けた合意まで達したが、合意事項を積極的に移行することはなかった。1994年2月、再度米朝間での高官レベル協議が行われ

たものの目立った進展がなく、むしろ同年 3 月の南北協議において「ソウル、火の海」の発言が出されるなど、南北関係もまた厳しい局面を迎えたのである。

**危機解消**

　米朝関係や南北関係が悪化していく中、アメリカはさらなる対北朝鮮制裁を検討する。そもそも、アメリカは朝鮮戦争の勃発直後から北朝鮮に対する広範囲に及ぶ経済制裁を行っており、さらなる制裁として海上封鎖や軍事力の行使が検討された。北朝鮮は、もし海上封鎖などが実行されれば宣戦布告とみなすと警告したが、アメリカが寧辺の核施設を空爆するとも報道されるなど事態は険悪化しつつあった。1994 年 6 月、クリントン大統領（1993.1-2001.1）は、韓国への米軍増派、海上封鎖、軍事作戦の実行などといった選択肢を最終的に検討し、その決定を間近にしていた。

　ところが、クリントン大統領が決定を行う直前である 1994 年 6 月 15 日、カーター元大統領が南北軍事境界線を陸路で越え北朝鮮に入り、個人の資格で金日成主席との会談に臨んだのである。金日成・カーター会談では、北朝鮮が核開発計画を凍結する代わりに、国際社会が軽水炉型原子炉建設を支援するほかに、南北首脳会談や米朝高官レベルの会談の開催が合意された。1994 年 7 月に金日成が死亡、南北首脳会談は開催できなかったが、米朝協議は再開された。

　そして、米朝協議の末、1994 年 10 月には米朝間で「枠組み合意」（Agreed Framework）に至ることができた。この「枠組み合意」に

は、北朝鮮が核計画を凍結する代わりに、米主導で軽水炉型原子力を提供すること、なにより米朝間での国交正常化が明記されたことが大きな特徴であるといえる。そして、この合意に基づき 1995 年 3 月には日米韓を理事国メンバーとする「朝鮮半島エネルギー開発機構」（Korean peninsula Energy Development Organization, KEDO）が設立された。同時に米朝間での協議が続き、KEDO 事業と米朝関係改善が同時に進行することとなった。

# 第8章　経済危機

## 1. 文民政府

**南北葛藤**

　朝鮮半島情勢が急変していく中、1992 年 12 月に韓国では第 14 代大統領選挙が行われた。ともに軍事政権に対抗し民主化を訴え続けてきた金泳三は与党候補として、金大中は野党候補として競い合ったが、金泳三が 42％を獲得し当選した。金大中は 33.8％を獲得するにとどまった。1993 年 2 月に金泳三政権が発足したことで、1961 年 5 月の軍事クーデター以来続いてきた軍事政権が終わり、事実上 32 年ぶりの軍人以外からの大統領となった。このような背景から金泳三大統領は自らの政権を「文民政府」と名付けた。

　金泳三政権は当初、北朝鮮に対する宥和的な姿勢で臨んだが、核危機の勃発とともに徐々に強硬な姿勢に転じていく。そのうえ、核危機が解消される過程で米朝が急速に接近することを目の当たりにし、南北問題における韓国の主導権をより強調するようになった。このような理由もあり、KEDO 事業の推進の過程では費用分担や軽水炉型の選定をめぐり、南北間や米韓間、米朝間、そして日米韓間

での様々な調整が必要となってきた。前述したように、KEDOは米朝間の「枠組み合意」に基づく国際コンソーシアムであり、KEDO事業の進展と米朝二国間の関係改善は車輪のような関係であった。

　このような朝鮮半島情勢が複雑化する中、1996年9月に北朝鮮の潜水艦が江原道江陵沖合で座礁する事件が発生した。11月初旬まで逃走する乗組員と韓国軍・警察との間で戦闘が繰り広げられ、北朝鮮側の乗組員24人死亡・1人逮捕(1人は北朝鮮に戻ったとの見解あり)、一方の韓国側も軍・警察・市民合わせて17人が死亡する事態となった。12月、北朝鮮が謝罪し再発防止を約束、韓国が乗組員の遺体を送還したことで一段落したが、南北間で生じた亀裂はより鮮明になってきた。

**ハナフェ解散**

　一方、金泳三政権は、南北関係が膠着していくこととは別に、国内政治経済状況と関連し様々な改革政策を推し進めていく。まず、軍内部の「私組織」とされた「ハナフェ」(第5章参照)の解散を迫ったことがあげられる。金泳三大統領は1993年3月、軍の政治介入を終息させることを目的に、金振永陸軍参謀総長と徐完秀機務司令官(軍事関連の情報収集を主な目的とする組織のトップ。現軍事安保支援司令部)の解任を皮切りに、次々と同会のメンバーを要職から追放していく。

　さらに、「ハナフェ」の中枢メンバーであり、「12.12事態」を主導した盧泰愚が賄賂罪で拘束されたが(1995.11)、同じく「ハナフェ」の核心メンバーである全斗煥もまた反乱罪で起訴された後

に拘束された (1995.12)。当初、金泳三大統領は、1993年5月の談話において光州民主化運動を継承すべく、被害者の名誉回復や真相究明を明言したが、「12.12事態」については「クーデター的下克上」と非難しながらも、処罰するのは困難であるとの見解を示した。

しかし、「12.12事態」当時の陸軍参謀総長であった鄭昇和らが全斗煥などを告訴し (1993.7)、また野党議員からも告訴が続き (1994.5)、さらには憲法裁判所が処罰可能との見解を示したことで (1995.1)、1995年11月に金泳三大統領が与党に「5.18特別法」制定を指示するに至り、一気に検察の捜査が進展したとされる。

その後、1996年8月の一審判決では盧泰愚が懲役22年6カ月、全斗煥が死刑を宣告されたが、12月の二審判決ではそれぞれ懲役17年、無期懲役と減刑された。1997年4月の最高裁で盧泰愚の懲役17年、全斗煥の無期懲役が確定された。しかし、同年12月、退任を直前にしていた金泳三大統領による特別赦免により二人とも自由の身になったのである。

**経済民主化**

このような軍の政治介入に関する「不幸の歴史」を是正し、その「根拠」を一掃するとともに、経済面での民主化・自由化にも力を入れた。例えば、1993年7月、それまでの国家（政府）主導の経済計画から、民間中心の経済活性化を進めるべく「新経済5カ年計画」を確定した。この計画では、「国民参与、創意誘発」を基本理念に、財政拡充とともに、金融改革や規制緩和を推進することが盛

り込まれた。また、この新しい計画では年率 7%台の経済成長率を目指し、それまでの高度経済成長を維持しようとした。一方、金融改革の一環としては、金利の自由化や政策金融の縮小、為替市場・金融市場の国際化を推し進めていくとした（資本市場の開放）。

そのうえ、企業活動を促進するために、資金調達や輸出入手続き、各種認許可に関する規制緩和を実施。同時に外国人の投資活性化のための土地取得や旧共産諸国との貿易に関する規制緩和などを推進した。このような経済改革政策は、冷戦終焉に伴うグローバル規模での新自由主義政策の拡大に歩調を合わせる形で進められたが、その延長線上で 1995 年 1 月には「世界貿易機構」（World Trade Organization, WTO）の創設時に加盟国として参加し、1996 年 9 月には日本に次ぐアジア 2 番目の「経済協力開発機構」（Organisation for Economic Co-operation and Development, OECD）への加盟を果たすことができたのである。

一方、1993 年 8 月には「大統領緊急財政経済命令」第 16 号として、「金融実名取引及び秘密保証に関する緊急命令」を出した。一般的に「金融実名制」として知られているこの措置は、それまで慣行として認められていた仮名や借名、無記名による金融取引を禁止し、実名のみでの金融取引を可能とするものであった。不正な金融取引を阻止し、さらに「地下経済」を抑制し健全な経済活動を奨励することを狙いとした。そうすることで税収入も増加することが目論まれた。

## 2. IMF通貨危機

**デフォルトの連鎖**

　金泳三政権が推し進めた経済政策は、1994年と1995年の2年連続で9%台の経済成長率を達成し、一定の成果を上げることができた。しかし、多くの企業が中長期的な観点に立った研究開発や投資を行うより、有望とされる業種への競争的な投資（過剰投資）や不動産分野への投資に集中し、結果的には企業収益の低下、負債の増加、企業活動の萎縮といった悪循環に入った。実際、1996年時点で企業の負債率は335%とすでに高いレベルであったが、1997年になると424%までに上昇し、さらに30代大手企業（財閥）の場合は519%に達したとされた。

　このように企業の自己資本率が悪化し収益も同時に低下していく中、企業の倒産も相次いで起きた。例えば、1997年1月に韓宝鉄鋼が倒産したが、3月には三美グループが倒産し、7月には起亜自動車が事実上の倒産に追い込まれた（10月に法定管理を申請する）。特に、韓宝鉄鋼の場合、財界14位とされた韓宝グループの主力系列社であったことから大きな衝撃となった。ところが、韓宝鉄鋼の倒産をきっかけに同グループへの不正な貸出、政治と財界の癒着、さらには金泳三大統領の次男金賢哲の関与が明らかになった。

　一方、いわゆる「韓宝事態」を発端とした倒産のドミノ現象は、前述したような中長期戦略の不在のほか、為替変動幅も重要な要因として取り上げられる。特に、1990年代半ば以降ドルに対する円

相場の下落が続き、日韓間で競合する輸出品において韓国の劣勢が目立つようになったのである。その結果、貿易赤字の拡大につながり、1993年に15億ドル、1994年に63億ドル、1995年に100億ドル、1996年には206億ドルまでに膨れ上がる。

このような状況において、前述したような資本市場開放が積極的に進んでいく中、海外から短期間で大きな利益を求める投資資金の流入が目立つようになった。外国人の直接投資額に大きな変化はなかったものの、投機的な投資資金が多く流入してくるようになったとされる。このような外国人の短期投資資金が一気に引き上げられたことで、以降で説明する1997年12月のIMF通貨危機を招いたとの見解もある。

### 国際通貨基金

1944年7月、連合国44カ国がアメリカのニューハンプシャー州ブレトンウッズに集まり、経済のブロック化や不安定さが大戦につながったとの認識のもと、国際協調・国際通貨体制の再構築について議論した。この会議では、金1オンス（約31g）を35米ドルとし、米ドルに対する各国の通貨の為替を固定する「固定為替相場制」（固定相場制）を取り決めたが、その変動幅を上下1％とした。1945年12月、30カ国がブレトンウッズ協定に署名したことで、ブレトンウッズ体制（Bretton Woods System）が本格化することとなったが、この中には「国際通貨基金」（International Monetary Fund, IMF）協定、「国際復興開発銀

行」(International Bank for Reconstruction and Development, IBRD）協定が含まれた。そして、1946 年 3 月、ブレトンウッズ協定に基づき IMF が設立された。ワシントン DC に本部を置き、1947 年 3 月に業務が開始された。国連との協定を結び、専門機関として業務を行っている。IMF 協定には、国際通貨協力の促進や国際貿易の拡大、為替の安定、国際収支の不均衡の是正、会員国の国際収支問題解決のための救済金融などが明記されている。ちなみに、IMF での意思決定は、国連などといった国際機関とは違って 1 国 1 投票権の方式ではなく、出資額に準じて割り当てられた投票権で行われる（クオーター制度）。なお、IMF 重要事項に関しては全投票権の 85%以上の賛成が必要であるが、現在アメリカが唯一 15%以上の投票権を持っている。

## アジア通貨危機

1997 年 7 月、タイの通貨バーツが急速に下落し始めた。同時に株価もまた大幅に下落した。輸出競争力が弱まる中、貿易赤字の拡大、金融市場の開放に伴う外国人投資の増加、不動産や株式市場の過熱（バブル）に加え、投機的な投資資金が最大の原因とされた。タイ政府は IMF などからの緊急救済融資を受けることを決めたが、その代わりに IMF からは緊縮財政や金融システムの改革、経済構造改革など大幅な経済改革を求められることとなった。

タイを発端とした経済危機は 1997 年 8 月にマレーシアにも影響し、通貨と株価の大幅な下落が始まった。タイ同様に変動相場制へと移行したものの（現管理変動相場制）、IMF による緊急救済融資

には応じず、資本取引規制や金融部門の再編など独自の改革を推進する。特に、危機の原因はヘッジファンドの投機行為にあることを明確にした。また、インドネシアでも同様の現象が起きたが、インドネシアは IMF や世界銀行などからの支援を受け入れた。さらに影響はフィリピンや香港にも及ぼされた。

そして、1997 年 11 月、韓国ウォンの米ドルに対する為替レートが急速に下落し、株価もまた同時に大幅に下落し始めた。外貨準備高が急減する一方で対外債務が急増する。前述した韓宝鉄鋼や起亜自動車に続き、11 月にヘテグループ（財界 24 位）やニューコア（財界 25 位）、12 月に青丘グループ（財界 35 位）など大手企業が倒産に追い込まれる事態となった。政府は、この時期の外貨準備高は 40 億ドルにも達しないのに対し、対外債務は 1,500 億ドルを超えているとの見解を示した。

このような状況を反映するかのように、信用格付け会社による韓国の国家信用度は最低レベルまでに陥った。例えば、ムーディーズ（Moody's）の場合、韓国の国家信用（長期）を A1 から A3、さらに Baa2「準ジャンク」、Ba1「投資不適切」といったレベルまでに引き下げた（1997 年 12 月時点）。タイから始まった経済危機は、金融市場がグローバル化していく中でアジア各国に広まり、韓国においても為替・株価の大幅な下落、外貨準備高の急減、経常収支悪化、相次ぐ企業の倒産などとして現れた。韓国経済は、朝鮮戦争以来の最大の危機に直面したのである。アジア通貨危機、アジア金融危機（Asian Financial Crisis）のほかに、韓国では外換危機、IMF 外換危機、金融危機とも呼ばれる。

**構造改革の始まり**

　1997 年 11 月、金泳三政権が IMF の経済構造改革の要求を受け入れたことで、IMF は 12 月に韓国への支援を決定した。その後、韓国政府は IMF との協議を進め、様々な改革プログラムを明記した「意向書」（Letter of Intent）を作成しそれを履行することとなった（計 11 回）。IMF からは 3 年間にわたって 210 億ドルの金融支援が行われることとなったが、そのほかにも世界銀行から 100 億ドル、アジア開発銀行から 40 億ドル、またアメリカや日本からの支援が続いた。

　債務不履行による国家レベルのデフォルトは回避されたが、前述したような IMF との間で合意した経済構造改革プログラムを進めなければならなくなった。後述するように、改革は幅広く行われることとなったが、特に雇用部門と関連しては厳しい政策が進められるようになる。そのため、1998 年 1 月に「経済社会発展労使政委員会」が発足された。略して「労使政委員会」と呼ばれた同委員会は、労働組合側代表、経営者（使用者）側代表、政府側代表から構成される大統領府所属の諮問委員会として、以降の重要な労働政策を協議することとなる。

　一方、この過程においては、民間レベルでの IMF 通貨危機を克服するための運動が展開された。例えば、1998 年 1 月、KBS が「金集め運動」キャンペーンを開始したが、4 月までに 351 万人が参加、227 トンの金が集まった。このようにして集まった金のほとんどは輸出された（推定約 22 億ドル）。それでも、外国からの投

資はしばらく敬遠され、不足する外貨準備高を自力で解消するまでには多くの時間が必要とされた。

# 第9章　改革の両面性

## 1. 構造改革

**資本市場の全面開放**

　韓国が経済危機に直面した1997年12月中旬、第15代大統領選挙が行われた。与野党候補の接戦の末、野党候補の金大中が40.3%の得票率で当選した。与党候補李会昌は38.7%、ほかの野党候補李仁済は19.2%の結果となった。1971年4月の第7代大統領選挙に挑戦して以来、亡命や拉致、軟禁、死刑宣告、再度の亡命生活など、様々な試練を乗り越えての当選となった（第4章参照）。1998年2月、金大中政権が発足。自らの政権を「国民の政府」と名付けた。「国民の政府」の喫緊の課題は、IMFとの間で合意した経済構造改革プログラムを実行し、経済状況を立て直すことにあった。

　短期的には、為替の安定が急務であったため、IMFとの合意事項としての高金利政策を推進する。金利を上げたことで、一時1ドル2,000ウォン近くまで切り下げられたドル・ウォンの為替レートは、1998年9月時点で1,370ウォンまでに回復することができた。ま

た、高金利政策は、インフレーションを抑止したとして肯定的に評価された。

　しかし、一時的ではあったものの、高金利政策が続いたことに加え、銀行側が「国際決済銀行」（Bank for International Settlements, BIS）で定めた「自己資本比率規制」（BIS 規制）に積極的に取り組んだことから、企業への貸出が滞り、相次ぐ企業の倒産や失業問題の悪化につながったという指摘もある。さらに、1998 年 1 月に利子制限法を廃止したことで高金利の貸付業（貸金業）が盛んになりつつ、「家計負債」の増加が社会的な問題として浮上した。状況は深刻化し、2002 年 8 月には最高利子を 70%と制限する「貸付業」関連法案を制定し、同年 10 月に施行することで家計負債問題に歯止めをかけようとした。

　中長期的には、経済の構造改革に焦点があてられたが（後述）、同時に資本市場の全面開放や貿易のさらなる自由化などといった政策が進められた。資本市場と関連した政策には、不動産などといった直接投資分野での外国人投資を全面的に開放するとともに、株式市場においても外国人の投資限度を拡大していく。そして、1998 年 5 月には限度規制を完全に廃止するに至った（公企業を除く）。このような資本市場の全面開放に伴い、国内企業の収益の悪化につながるとの指摘もあったが、新自由主義政策の方向性を変えることはなかった。むしろ、債権分野では、外国人の総投資限度を 30%に拡大するなど、グローバル化する経済情勢に積極的に対応しようとしたのである。

**構造改革の実際**

　一方、政府主導下、企業の財務健全化や経営合理化を図るべく、財務構造の改善作業（ワークアウト, Workout）や企業間で採算の見込みのある業種・事業の取引（ビッグディール, Big deal）が進められた。例えば、1998年6月には55の企業をワークアウト対象として選定し、政府や債権団による財務構造の健全化が進められた。1999年に22の企業、2000年に6の企業をさらに選定し財務状況の改善に取り組んだのである。

　企業間のビッグディールの場合、精油や半導体など6業種を中心に企業間の合併や買収（Merger and acquisition, M&A）が進められた。例えば、大宇グループの場合、多くの系列企業がワークアウトとビッグディール、両方の対象となったこともあって、事実上のグループ解体レベルまでの経営合理化・構造改革が行われた。

　このような政府主導の構造改革（構造調整）は、基本的に「5大財閥」はビッグディール、「6大以下財閥」はワークアウトを実施することとなったが、その選定基準が不透明であるとの指摘が上がった。また、政府が選定した「30大財閥」の構造改革の不振などといった問題が浮き彫りになった。そのうえ、「財閥」と呼ばれた大手企業の根本的な課題ともいえる、「所有と経営の分離」といった問題までには手が届かず、批判の的になったのである。

　一方、構造改革は、「労働市場の柔軟化」政策としても具現された。「労働市場の柔軟化」とは、端的に言えば、企業側にとって労働者の雇用をしやすくすることを意味した。しかし、前述したように、民主化の進展に伴い労働者の権益も伸長し、一方的な政策の遂

行には労働組合の強い反発が予想されていたこともあり、金泳三政権時において「労使政委員会」を発足させたのである。そして、この委員会において「整理解雇制度」や「派遣労働者制度」に関する合意が行われ、企業による人員削減や非正規雇用が積極的に進められたのである。

　公企業においても同様の政策がとられ、金大中大統領自らが説明したように1998年から2000年までに13万人以上がリストラの対象となるほど、「労働市場の柔軟化」政策は強烈なものであった。さらに、公企業の場合は民営化も同時に進められ、例えば、浦港製鉄の場合、2000年9月に政府や産業銀行の持つ株式をすべて売却したことで完全民営化された（現POSCO）。ほかにも2000年に韓国重工業（現斗山重工業）、2002年に韓国通信公社（現KT）や韓国タバコ人参公社（現KT＆G）など金大中政権時に9つの公企業が民営化された。

## IT産業の育成

　一方、金大中政権は広範囲に及ぶ構造改革とともに、情報技術（Information Technology, IT）分野の「ベンチャー」（Venture）企業を育成し、経済成長を牽引しようとした。具体的な政策内容としては、ベンチャー企業を起業する場合、3億ウォン規模の支援をはじめ、インフラ構築や税制面での優遇、様々な規制緩和がとられ、小・中規模での起業を奨励した。その結果、1998年に約2,000社だったベンチャー企業は、1999年に5,000社、2000年に9,000社、そして2001年の時点では1万社を超える勢いとなった。

ベンチャー企業は、前述したような政府の様々な優遇措置を受けることで急成長し、コスダック（Korean Securities Dealers Automated Quotations, KOSDAQ）にも多くのベンチャー企業が上場したことから、株価の暴騰を招くなどといった弊害も出てきた。それでも IT 分野を中心としたベンチャー企業の成長は、経済危機の克服、そして経済成長に大きく貢献したとされる。例えば、雇用面でいえば、2002 年時点でベンチャー企業数は全体企業数の 0.3%程度でありながら、全体雇用の 2.8%を占めるまで成長した。その後もベンチャー企業の成長は続き、2010 年では全体雇用の 4.7%を占めるまでに達した。

　この頃は世界的にも IT 産業が活発化し、ショッピングやゲーム、コミュニケーションなど、インターネットを通じての様々なサービスが拡大しつつあった。同時に、インターネットの普及率も急増し、韓国では 1998 年に 1 万 4,000 人程度だった超高速インターネット加入者数は、1999 年に 36 万 6,000 人、2000 年に 400 万人、2001 年に 780 万人、2002 年には 1,000 万人を超えた。GDP における IT 分野が占める割合は、1998 年に 6.2%から 1999 年に 7.7%、2000 年に 9.5%、2001 年には 10.1%と拡大した。

　このような過程を経て、2004 年 5 月を予定としていた IMF による救済融資総額 195 億ドルを 2001 年 8 月時点で返済することができた。約 3 年 8 カ月の繰り上げ返済となった。また、1997 年 12 月に 40 億ドルに過ぎなかった米ドル保有額は、2001 年時点で 1,000 億ドルを超えるようになった。なお、金大中政権が発足する当初の 1998 年における経済成長率はマイナス 5.5%であったが、1999 年に 11.3%、2000 年には 8.9%を記録した。

## 2. 構造改革の明暗

### 「労働市場の柔軟化」政策の弊害

　これまで述べてきたように、金大中政権の政策目標は、喫緊の課題であった経済危機の克服であって、そこからさらに経済成長を導く新たな産業の育成に帰結した。企業の構造改革はもちろんのこと、IT産業を中心としたベンチャー企業の育成、そして「労働市場の柔軟化」もその一環として進められた政策であった。ところが、「労働市場の柔軟化」政策は、韓国がIMFからの救済金融をすべて返済した後も継続され、それに伴う非正規雇用問題や失業問題が大きく取り上げられるようになってきた。

　そもそも、韓国では「非正規雇用」の定義が明確でなかったことから、2002年7月に開催された「労使政委員会」では、時限的な労働者（期間制労働者）や短時間労働者（時間制労働者）、派遣などといった形態で従事する労働者（非典型労働者）を「非正規雇用」の範疇として明確化した。そのため、政府の公式統計も2003年から発表されるようになったが、政府の発表と実態とでは大きな隔たりがあるとの指摘もある。例えば、2016年の政府発表では「非正規雇用」の割合は32%であったが、同じデータを使った「韓国労働社会研究所」の分析では44.5%とされるなど議論が続いている。

　特に、青年層（15-29歳）の失業問題とともに非正規雇用問題が社会的な問題として浮上してきた。青年層の失業率は1998年に

12.2%を頂点にその後減少傾向にあるが、それでも 2017 年に 9.8%として依然高い数値となっている。また、青年層の非正規雇用率の場合、2018 年時点で大卒以上 22.1%、短大卒 31.4%台、高卒 51.3%となっている。このような状況に加え、正規雇用・非正規雇用間、大手企業・中小企業間、また男女間の賃金の格差問題も社会的なイシューとして浮上してきた。

**新自由主義の副作用**

　一方、景気の活性化を図るために様々な規制緩和が行われたが、その一つにクレジットカードの利用を促進する方策が含まれた。例えば、クレジットカードによる現金引出サービス限度額の廃止、クレジットカード領収証の宝くじ制度の導入、またカードの発行手続きの簡素化や発行制限の緩和が行われ、2002 年時点でクレジットカード発行は 1 億枚を超えた。しかし、消費拡大、内需拡大に貢献したとされる一方で、400 万人規模の金融債務不履行者（信用不良者）を量産したとの批判もある。

　また、1999 年 1 月にアパート分譲価格の自由化を実施、2 月には分譲権利の転売制限が廃止された。さらに、住宅購入時における所得税の免除や取得税の減免など、規制緩和による不動産市場の活性化が推し進められた。その結果、住宅価格や伝貰保証金（韓国独特の賃貸制度。一般的に、保証金のみの 2 年契約である）が高騰し、後の盧武鉉政権時において様々な対策が講じられるようになる。

　一方、前述したような資本市場の全面開放・自由化に伴い、株式市場の場合（1992 年に初めて外国人に開放されたが）、IMF 通貨

危機までの外国人による株保有率は 14.6%程度であったが、2000年に 30.1%、2003 年に 40.1%に増加した。個別企業に対する株式保有も年々増加し、2017 年 2 月現在サムソン電子の場合 50.7%、POSCO は 55%、KT&G は 53.3%となった。また、国家安保関連など約 30 業種を除く、新たに証券取引所をはじめとする 21 業種が外国人に全面開放されることとなった。

**福祉国家への道程**

このような新自由主義を基調とする経済政策が幅広い分野で進められていくにつれ、前述のような解雇による失業や派遣労働者をはじめとする非正規職雇用の増加など、多くの人が雇用不安を感じるようになり、生活困窮を訴える人も増加した。当時、韓国ではまだ欧米諸国のような手堅い社会福祉システムが備えられていなかったため、金大中政権は雇用保険の拡充や年金制度・医療制度の改革などを柱とする「生産的福祉拡充」政策を進めるに至った。

具体的には、1998 年 10 月、それまで 30 人以上であった雇用保険の適用範囲をすべての事業所に拡大し、2000 年 7 月には産災保険（労災保険）を 5 人以上の事業所に拡大した。一方、1999 年 4 月にはすべての国民を対象とする国民年金制度を実施することで、本格的な年金時代が始まった。このような政策に加えて、2000 年 10 月には国民基礎生活保障制度が実施された。

また、公共勤労事業やインターン制度の実施、最低賃金法や男女雇用平等法の改定など、既存の「救済」に重点が置かれていた福祉政策から、職業訓練・自己開発などを通し社会への復帰を促し、結

果的には社会に還元する福祉政策への転換が試みられた。いわば韓国版の「第 3 の道」ともいえる福祉政策、社会安全網（Social safety net）の整備が進められるようになった。しかし、一方では現実問題としての国家財政面での制約をはじめ、政策を実行するために必要な時間が足りなかったこと、また労使の利害衝突などの理由で全面的な実行に至らなかったこと、官僚主義的な要素が強かったこと（行政便宜主義）などが問題点として指摘された。

# 第10章　太陽政策

## 1. 太陽政策

**太陽政策**

　金大中政権が経済活性化とともに、最も積極的に取り組んだ政策の一つが北朝鮮との関係改善であった。それまでも様々な対話チャンネルなどを通して南北関係の改善に向けた努力が行われたが、韓国政府は基本的に「反共」の立場を堅持し続けた。また、時には民間レベルの南北交流を抑圧し、南北問題に関する政府の主導権を強調することで韓国国内や南北間でぎくしゃくすることも頻繁だった。ひいては、1990年代における「北朝鮮崩壊説」のような言説までもが広まるなど、共存と共栄の観点に基づき、朝鮮半島の平和と安定を目指す統一政策、もしくは対外政策とは程遠かったといえる。

　そこで金大中政権は、北朝鮮との「相互共存」の立場を明確にし、より積極的な協力関係の構築を目標とした「対北政策」を進めようとした。1998年4月、金大中大統領はロンドン大学での演説において、「対北和解協力政策」と名付けた北朝鮮に対する「包容政策」を表明した。イソップ寓話の一つである「北風と太陽」を引用しな

がら説明したことから、「太陽政策」（Sunshine Policy）と呼ばれるようになったが、南北間での「平和、和解、協力」を進めていき、中長期的な観点からの南北統一を目指すものであった。そして、「政経分離」原則のもと、同年4月には「南北経協活性化措置」が実施されたが、さらに1999年10月には「南北交流に対する南北協力基金支援指針」を制定し関連企業への支援の範囲を拡大した。

　韓国が北朝鮮との関係改善に乗り出した頃は、1998年8月に北朝鮮が人工衛星光明星1号を乗せた白頭山を発射し、地域情勢の緊張が高まりつつあった時期とも重なる（テポドン発射）。しかし、その後の情勢は和解ムードへと変わり、1998年11月にはKEDO事業の費用分担が合意され、1999年12月にはKEDOと韓国電力間で主契約が締結された。また、2000年10月になると趙明禄朝鮮人民軍総政治局長が訪米しクリント大統領と会談を行い、その後ウルブライト米国務長官が訪朝し金正日国防委員長と会談するなど、米朝関係にも大きな進展がみられた。

**南北共同宣言**

　朝鮮半島情勢が大きく変わっていく中、2000年6月13日に金大中大統領が平壌を訪問し、金正日国防委員長との史上初となる南北首脳会談に臨む。平壌滞在期間中においては3回にも及ぶ首脳会談が行われたが、その時に議論されたのが統一問題をはじめとする、「離散家族」の再会や経済協力、交流など広範囲に及ぶテーマであった。そして、6月15日、南北首脳による「南北共同宣言」が発表された（6.15 共同宣言）。同宣言では、民族自主的な統一の観点を堅

持し、韓国側の主張する「連合制」統一方案、また北朝鮮側の主張する「連邦制」統一方案との間で共通性があることを相互が認め、そこから統一を志向することが明記された。また、金正日国防委員長が近いうちにソウルを訪問し2回目の南北首脳会談を開催することが予定された（2011年12月19日、金正日委員長死去）。

　この南北共同宣言に基づき、偶発的な軍事衝突を防ぐための南北直通電話（ホットライン）の開設や鉄道連結事業が開始された。また、金剛山事業や開城公団事業が本格化し（後述）、民間レベルでの交流もより活発になってきた。このような北朝鮮との関係改善に寄与したこと、また韓国・東アジアの民主主義の進展に大きく貢献したことが評価され、2000年10月にノルウェーのノーベル賞委員会は金大中大統領をノーベル平和賞の受賞者として指名した。韓国人としては初となるノーベル賞受賞であった。

　朝鮮半島情勢の変化は日朝関係にも影響を及ぼした。2002年9月、小泉純一郎首相が平壌を訪問し、初めてとなる日朝首脳会談が行われた。朝鮮半島情勢の変化への対応、さらには日本国内事情を考慮しての電撃的な出来事として評価された。金正日国防委員長との会談後においては、日朝国交正常化のための交渉を早期に再開すること、植民地支配への謝罪、経済支援のための交渉開始などが盛り込まれた共同宣言が出された（日朝平壌宣言）。この共同宣言に基づき、国交正常化交渉を再開するものの、拉致問題をめぐる日本国内世論の悪化などで会談は決裂した（2004年5月、2回目の日朝首脳会談が行われる）。

**金剛山観光事業**

　そもそも金剛山観光事業は、1989 年 1 月に現代グループの創業者である鄭周永が訪朝し、金日成主席との会談において合意された事業であった。その後、鄭周永は 1998 年 6 月に 2 回目、同年 10 月に 3 回目の訪朝を果たし、北朝鮮との事業開始の合意に至った（2 回目・3 回目合わせ、計 1,001 匹の赤牛を連れて訪朝した）。そして、事業合意からおおよそ 10 年が過ぎようとした 1998 年 11 月に試験的な事業として「離散家族」826 人を乗せた遊覧船「金剛号」が出航したのである。

　しかし、インフラの整備や観光コースの開発が進まず、そのうえ高額な観光費用問題もあり、需要は伸び悩んだ。そこで、「韓国観光公社」は 2002 年 4 月、金剛山観光事業への支援策として、「離散家族」をはじめ、学生、教師などへの費用負担を開始した。2003 年 2 月には既存のクルーズ観光に加え、試験的な運用ではあったが、非武装地帯（DMZ）を通過する陸路からの観光事業も始まった。

　ところが、盧武鉉政権の発足とともに（後述）、野党ハンナラ党を中心に「北朝鮮に不正な資金が流れ込んでいる」との非難が広まりつつ、いわゆる「対北送金」をめぐる特別検事制度（特検）が 2003 年 4 月から実施されるようになった。同年 6 月に盧武鉉大統領が特検の延長を拒否したものの、8 月に現代グループ会長の鄭夢憲が自殺するなど北朝鮮への不正送金をめぐる国内政治状況は混乱を極めつつあった。

　それでも盧武鉉政権は太陽政策を継続し、世論もまた金剛山観光事業そのものには好意的であったこともあり、2005 年には観光客

数が100万人を超えることができたのである。2008年3月からは自家用車での観光も開始されたことでさらなる需要の伸びが予想された。しかし、李明博政権による太陽政策の転換に伴い南北関係が滞っていく中、2008年7月の観光客銃撃事件を受け全面中止することになる（後述）。それまでの期間、約195万人が金剛山を訪れたとされる。

## 2. 東北亜均衡者

### 6カ国協議

　「対北送金」をめぐる政治対立が激しくなっていく頃、融和ムードであった米朝関係も悪化しつつあった。前述したように、クリントン政権の任期後半、米朝は関係改善に向け急接近したが、2001年1月に共和党ブッシュ政権（2001.1-2009.1）の発足とともに、それまでの北朝鮮に対する融和政策もまた強硬政策へと転換しつつあった。特に、2001年9月に起きたアメリカでの同時多発テロ事件を境にアメリカの対外政策そのものが大きく転換していく中、2002年1月にはブッシュ大統領がイラン、イラク、北朝鮮を「悪の枢軸」と名指しで非難し、その後においても北朝鮮に対する「核兵器による先制攻撃」も可能であるとの見解を示すなど、朝鮮半島情勢に暗雲が広がりつつあった。

　米朝関係に緊張が高まっていく中、2002年10月からは濃縮ウラン（HEU）計画をめぐり米朝が対立、第2次核危機が勃発した。ブ

ッシュ政権は北朝鮮が核兵器に転用するために秘密裡にウランを濃縮していると非難した。これを北朝鮮が否定。以降、相互が激しい主張の応酬を交わした。2003年1月、北朝鮮は凍結していたNPT脱退の効力を発効すると宣言、2月には米朝間の「枠組み合意」に基づき停止していた寧辺の5メガワット級の原子炉を再稼働した。前述したように、NPT脱退は通知から3カ月後には効力を持つため、4月になると北朝鮮はNPTから完全に脱退することとなる。

アメリカをはじめとする国際社会は再び、北朝鮮のNPT脱退、核施設の再稼働という喫緊の課題に直面したのである。そして、ブッシュ政権は、第1次核危機時と同じく、海上封鎖や軍事力の行使を検討するものの、それを実行するまでには至らなかった。そこで浮上したのが周辺諸国を取り込む新たな多国間協議の制度化であった。米中朝3カ国間での意見を調整した後の2003年8月、中国を議長国としたアメリカ、日本、韓国、ロシア、そして北朝鮮が参加する「6カ国協議」（Six-Party Talks）が始まったのである。

**開城工団事業**

第2次核危機の勃発と危機の解消に向けた関係諸国の協議が繰り広げられていた時期、韓国では金大中政権に続き、与党民主党の盧武鉉政権が発足した（2003.2-2008.2）。前述したように、盧武鉉政権は太陽政策の継承を表明し、朝鮮半島情勢の平和と安定に向けた様々な政策を進めようとした。金大中政権時に「金剛山観光事業」が始まったとすれば、盧武鉉政権時には「開城公団事業」が本格化することとなった。

開城公団事業は 2000 年 8 月に北朝鮮と現代峨山との間で合意された事業であり、韓国の資本と技術、北朝鮮の土地と労働力を結合し、低廉でありながら良質な商品を生産し輸出することを目的とした。2003 年 6 月に第 1 段階の開城公団工事が開始され、2004 年 6 月からは韓国企業の入居が始まった。この時に入居した企業は 15 社程度であったが、2004 年 12 月からは商品生産が始まった。その後規模が拡大していき、2014 年 12 月時点で 125 の企業が入居し、南北労働者・関係者約 54,000 人が働く大規模な工業団地として成長した。

　この事業を通しては、前述した南北経済へのポジティブな側面に加え、南北関係のさらなる進展、また冷戦後に続く朝鮮半島をめぐる緊張を緩和させたことに大きな意義があった。ちなみに、開城は、北朝鮮の特級市として指定されており、首都の平壌から南方に向け直線で約 130 キロに位置する場所にあり、ソウルからは直線で約 50 キロに位置する。高麗時代の首都でもあって、歴史的にも、また商業的にも由緒ある地域である。

## FTA 活用論

　前述したように、開城公団で生産された商品は、南北以外の国・地域への輸出を目的とした。しかし、現状としては「北朝鮮産」を輸出することはアメリカなど国際社会の制裁が壁となっていたため、開城公団から生産される商品の産地を「韓国産」として第 3 国に輸出することが検討された。そして、そのための方策として自由貿易協定（Free Trade Agreement, FTA）の活用が進められた。韓国は

1999年12月にチリとのFTA交渉を開始して以来、2018年現在15カ国との間でFTAが発効されている。そして、それらのFTA締結文書には「開城公団」の商品をどのように取り扱うかに関する規定が含まれている。

特に、盧武鉉政権時になると米韓FTA締結が積極的に検討された。2006年1月、盧武鉉大統領は年頭での演説で米韓FTAの締結について言及。同年6月には米韓間でのFTA協議が始まり、野党・世論の反対を押し切る形でアメリカとのFTA締結を推進し、2007年4月に米韓FTA締結にこぎつけた（2012年3月発効）。そして、米韓FTA協定にもまた「域外加工地域」規定が含まれたことから、この規定を活用しての開城公団商品の輸出が期待されたのである。

ところが、そもそもの「米韓FTA」の起源は、クリントン政権時から広く検討されてきた政策であり、「米韓」という二国間に限らず、米シンガポール、米香港といった太平洋地域全体をカバーする広域の自由貿易構想の「一環」として進められた。その後のブッシュ政権時に米韓FTAをめぐる議論が活発化され、前述したような盧武鉉政権時に締結に向け交渉が本格化したのである。ここで注目したいのは、盧武鉉政権が「太陽政策」を継続していくうえで、米韓FTAの締結と活用を考慮し、ひいては新たな米韓関係の構築を試みようとしたことである。そして、一連の政策の基盤として提起されたのが2005年頃からの「東北亜均衡者」（Balancing diplomacy, Balancer in Northeast Asia）論であった。

## 東北亜均衡者論

　盧武鉉政権の「東北亜均衡者」構想は、それまでの米韓同盟関係を根幹としながらも、より対等な観点に立った米韓関係の再構築を目指すものである。その一環として進められたのが、戦時における米軍の作戦統制権を韓国へ移譲することであった。当時、野党議員やメディアからは、もし戦時での作戦統制権が移譲されれば、米国との同盟関係が弱体化し、さらには在韓米軍の撤収にまでつながるとの批判が上がった。しかし、「作戦統制権」の移譲に関しては、すでに盧泰愚政権時において米韓両国間で協議が進められ、「平時」と「戦時」を分け移譲することに合意。金泳三政権時の1994年12月に「平時」の作戦統制権が移譲された経緯がある。また、将来において「戦時」の作戦統制権の移譲に関する協議が予定された。そして、2007年2月の米韓両国の協議において、2012年4月頃に戦時作戦統制権の移譲に合意したのである。一方、盧武鉉政権の「東北亜均衡者」論は米韓関係の再構築だけではなく、域内における多国間の包括的な協力体制の構築にも焦点があてられていた。すでに6カ国協議が進められている中、韓国が積極的に役割を果たすことで、多国間の安全保障や経済発展のための協力メカニズムを構築することが目論まれた。実際、2005年9月には6カ国協議では「9.19共同声明」が合意されたが、そこに「東アジアの恒久的な平和と安定」のために努力し、「安保協力増進」のために協力することが明記された。さらに、2007年10月には2回目となる南北首脳会談が行われ（盧武

鉉・金正日)、停戦体制の終息や恒久平和体制の構築などが合意された（10.4 共同宣言）。

# 第11章　政治哲学の錯綜

## 1. 再び「小さな政府」論へ

**民営化・規制緩和**

　盧武鉉政権は太陽政策を継承したが、一方では権威主義から脱し、国民との対話を重視しながら様々な政策を進めようとした。そのような理由から自らの政権を「参与政府」と名付けた。しかし、野党・メディアからの絶えない批判・非難に加え、与党の内紛、さらには世論の悪化などが重なり政権に対する支持度も減少し続けた。次の大統領選挙では与党候補の落選が確実とされたが、また選挙戦のイシューも南北関係・対外政策より、国内経済問題に集中されるようになった。そして、2007年12月に行われた第18代大統領選挙の結果、野党候補李明博が48.7%を獲得し当選した。与党候補の鄭東泳は26.1%にとどまった。

　李明博政権は、新自由主義政策の核心ともいえる政府の市場介入を最小限度に抑える、いわゆる「小さな政府」方針を明確にした。その一環として進められたのが公企業の民営化である。公企業の民営化は、すでに1960年代末において「大韓航空」の民営化をはじ

め、「大韓通運」や「大韓海運」の民営化が行われ、経済危機の際にも「タバコ人参公社」や「浦港製鉄」、「大韓重工業」など多くの公企業が次々と民営化された。その後の経済事情の改善とともに、盧武鉉政権時には、公企業の民営化政策の見直しが行われ、民営化の方針から「経営効率化」に焦点があてられた。しかし、一度は歯止めがかかっていた公企業の民営化は、李明博政権の発足とともに再び拍車がかかるようになったのである。

ところが、民営化の対象としては公企業に限らず、営利病院の推進といった医療分野の民営化や鉄道分野の民間企業の参入（一部民営化実施）、電気・水道など様々な公共分野の民営化が検討された。しかし、IMF通貨危機を乗り越える過程で経験した公企業の民営化、それに伴う大量のリストラ、また民間企業における構造改革を進めていく中で生じた様々な副作用を経験したこともあり、労働組合の反発や世論の反対も強く、実際には「農地改良」や「安山都市開発」、「韓国資産信託」、「韓国土地信託」、「韓国企業データ」、「仁川総合エネルギー」といった公企業のみが民営化されたのである。

一方、不動産分野における規制緩和をはじめ、地下鉄や船舶、運転免許取得など交通関連の規制緩和が進められたが、後に様々な社会問題を引き起こすこととなる。また、所得税率や法人税率の大幅な減税が進められたが、減税のターゲットは大手企業や富裕層が中心であった。李明博政権時における減税規模は約88兆3000億ウォンで、そのうち52兆1,000億ウォン程度が大手企業・高所得者のための減税措置であった。

## 4 大江事業

　ところが、李明博政権は「小さな政府」を標榜し関連政策を推し進める一方で、国家主導の大型プロジェクトにも積極的に乗り出すなど、政策方針の矛盾を露呈した。その代表的なプロジェクトとして「4 大江事業」があげられる。この「4 大江事業」は、漢江をはじめとする韓国の主要 4 江を整備し、水害予防や水源確保、水質改善とともに、周辺地域を開発し地域の発展にも貢献することを目的とした。関連事業費 22 兆ウォン以上を必要とする大掛かりなプロジェクトであった。

　この事業に対しては、2007 年 12 月の大統領選挙時において李明博候補の政権公約の一つであった「韓半島大運河事業」の衣替えであるという批判が噴出した。そもそも、「韓半島大運河事業」とは、漢江から洛東江までを連結する「運河」建設計画として提案されたが、最終的には北朝鮮までを「運河」でつなぐ大規模な土木工事プロジェクトであった。この計画は、野党や市民団体から環境破壊、水質汚染につながるとの批判を浴び、またこの事業に対する世論の反発も強く頓挫した経緯があった。

　「韓半島大運河事業」と「4 大江事業」とは相違する部分もあったものの、韓国主要水路・河川を整備する大規模な土木工事という本質は同じであって、この事業に対する批判もまた根強く続く。そのうえ、事業の政策決定過程においては、十分な議論が行われず、事前に行われた予備妥当性調査（環境影響評価）を無視したことで物議を醸した。さらに、事業が進められていくにつれ、談合や賄賂、

欠陥工事の発覚、環境破壊などといった問題が取り沙汰されるようになってくる。

**資源外交**

　李明博政権が推し進めた大型の国家主導プロジェクトとしてはほかに「資源外交」があげられる。「資源外交」とは、国内企業が海外において積極的な資源開発を行い、全体輸入資源のうち、国内企業が確保した資源の割合を高めるための外交活動を意味した。その達成度を「自主開発率」（国内企業の鉱物資源確保量÷輸入鉱物資源量×100）で示すこととなったが、李明博政権時にはその自主開発率を 4%から 25%まで大幅に引き上げることを目標として掲げた。そして、この資源外交のために活用されることとなったのが「韓国鉱物公社」や「韓国石油公社」、「韓国ガス公社」といった公企業であった。

　実際は李明博大統領がまだ「当選人」の身分であった時期から「資源外交」が進められ、2008 年 2 月に韓国石油公社とイラク・クルド自治政府との間で油田開発が合意され、韓国側からの投資が本格化するとも報道された。その後、韓国石油公社は 2008 年 6 月までに約 6 億ドルを投資し、契約の締結にこぎつけることができた。しかし、不安定なイラク情勢のため本格的な採掘までには至っていないのが現状である（2018 年時点で 1 兆 5,000 億ウォンを投資したが、66 億ウォン程度の回収となった）。また、同公社は 2009 年 10 月、カナダ・ハーベスト社を約 40 億カナダドルで買収したが、

実際のハーベスト社の評価額は買収額の約47%とされるなど、損失が膨れ上がった。

　そのうえ、韓国ガス公社の場合、不適切な投資であることを認識しながらも、カナダのガス田開発に1兆ウォン規模を投資したものの、約5,600億ウォンの損失を被ったとされる。その後も異常な投資が続き、オーストラリアの液化天然ガス（Gladstone's liquefied natural gas, GLNG）事業へ3兆7億ウォン規模の投資を行ったが、多額の負債を抱えることとなった。さらには、前述したように、政情不安が続くイラクでもガス田開発に乗り出すも、投資額のほとんどが損失計上されることとなった（2018年時点で3億8,400万ドル投資、3億7,900万ドル損失）。

　そのほかにも不適切な投資、無理な吸収・合併（M&A）が続き、公企業の負債は大きく膨れ上がる。その結果、2007年末と2014年上半期における主な公企業の負債額を比較すると、石油公社の場合、3兆7,000億ウォンから18兆ウォン(4.9倍)、ガス公社の場合、8兆7,000千億ウォンから33兆2,500億ウォン(3.8倍)、鉱物資源公社は4,300億ウォンから3兆5,800億ウォン(8.3倍)へと急増したのである。一部の公企業は増加した負債のため「存立」の危機に瀕しているとされる。

## 2. 増幅する政治不信

### 信頼の喪失

　国家主導プロジェクトに批判が巻き起こる中、政府高官・公務員の不正も増加し政権に対する信頼はさらに低下していく。例えば、韓国では 2000 年 6 月に「人事聴聞会法」が制定され、政府高官レベルの人事においてはその候補者の適格性を検証できるような仕組みが定着した。国会では、同法に基づき「人事聴聞特別委員会」（人事聴聞会）が設置され、候補者の履歴や経歴、兵役、納税、また必要に応じてその他の事項について幅広く検証する。しかし、候補者の中には不正や腐敗などが発覚され、同聴聞会を前後にして辞退に追い込まれるケースも多く、金大中政権時に 2 人、盧武鉉政権時に 3 人、そして李明博政権時には 8 人となった。特に、李明博政権時の「人事聴聞会」候補者の場合、「偽装転入」（投機や教育などを目的に住所地を偽装）、「兵役忌避」（不適切な理由で兵役を忌避、もしくは免除されたケース）、「投機」、そして「脱税」が目立ち、市民団体や野党からは候補者の「4 代必須科目」として冷やかされるほどであった。

　また、「人事聴聞会」での候補者だけでなく、現職の政府高官や官僚、与党議員の不正・腐敗がメディアで注目された。例えば、『傾向新聞』（2011.9.23）によれば、政府高官レベルの偽装転入の場合、2006 年に 29 人から 2010 年には 422 人に急増、また兵役忌避の場合は、2008 年に 231 人から 2010 年には 426 人に増加した。

また、公務員の不正も目立ち、金品授受など「公務員行動綱領」を違反したのは 2008 年に 764 人、2009 年に 1,089 人、そして 2010 年には 1,436 人に増加した。また、「韓国刑事政策研究院」の調査によれば、公務員犯罪者数は盧武鉉政権 5 年間で 1,626.6 件（年平均）、李明博政権 5 年間で 2,099.6 件（年平均）であった。ちなみに、朴槿恵政権が発足した 2013 年だけで 2,466 件となった。

　一方、第 18 代大統領選挙時においては投資諮問会社 BBK の所有者をめぐる論争が繰り広げられる中、当時の李明博候補は大統領当選の有無にかかわらず全財産を社会に「還元」すると明言。実際、2009 年に約 331 億ウォンの財産を投じて奨学・福祉財団である「清渓財団」を設立した。しかし、実態としては財団の運営に親族や側近がかかわっていること、また同財団所有の不動産からの年間十数億ウォンの賃料を収入源としながら、本来の財団の目的であった奨学金事業では数億ウォン程度の支出にとどまっていること、さらには「公益」を目的とする財団であったため、贈与税や相続税がかからず（ほかの税制面での優遇も多い）、事実上の相続のための対策であったこと、といった批判が噴出した。

**低成長時代**

　政治や政権に対する不信は低迷する経済成長とあいまって、さらに増幅していく。李明博政権の経済政策は、政権公約として掲げた「747 政策」に集約される。「747 政策」の核心は、在任期間中に「年平均 7％台の経済成長率の維持、国民所得 4 万ドル達成（2013 年に 3 万ドル、2017 年に 4 万ドル）、世界 7 位の経済規模に成長

（2017年まで年平均7%経済成長率を維持すれば）」であった。同時に、青年失業率を3-4%台に引き下げ、国家債務を300兆ウォン台で維持し、生活費を30%削減することを打ち出した。さらに、当選すれば、韓国総合株価指数（KOSPI）5,000を達成することも明言した。

　しかし、2008年9月にアメリカの4代投資銀行の一つであるリーマン・ブラザーズが破産、世界経済は不安定化し各国経済事情もまた行き先が不透明となった。韓国は2008年に2.8%、2009年には0.7%の経済成長率にとどまり、2010年には6.5%を記録したが、その後は2-3%台を維持している。李明博政権5年間の年平均経済成長率は3%台で、国民所得は2万ドル台にとどまった（2017年現在2万9,745ドル）。特に、青年失業率の場合、IMF通貨危機の影響で1998年に12.2%、1999年に10.9%を記録したが、以降は減少傾向にあるものの7%台が続き、李明博政権時もまた同様の数値が維持された。

　一方、李明博政権は、リーマンショック以降においても輸出中心の経済成長戦略を固守し、そのためのウォン安や低金利政策を積極的に推し進めた。政府の積極的な介入により、企業の収益は増加し続けたが、企業側の投資や雇用の拡大などへの努力は改善されず、批判の的となった。その一方、銀行からの借り入れが容易であったこともあり、企業の負債の増加につながったとされる。「韓国銀行」の統計によれば、李明博政権時の企業への貸出増加率は50.6%（前政権時40.5%）、企業負債増加率は51.1%（前政権時37.2%)を示した。

## 南北関係の悪化

　一方、北朝鮮に対する政策は、金大中・盧武鉉の両政権時の「太陽政策」から一転し、新たに「非核・開放・3000」政策を提唱した。この政策は、北朝鮮が核を放棄し改革・開放政策を行うことで、10年以内に北朝鮮の住民一人当たりの国民所得を3,000ドルまで引き上げるための経済支援を行うことを根幹とした。そこからさらに、北朝鮮経済を輸出主導型に転換することが提唱された。

　前述したように、北朝鮮の核開発は米朝関係が主な原因とされたため、米朝関係の根本的な変化がみられない状況下で北朝鮮が核を放棄することは至難であると考えられた。実際、これまでの米朝間の対立や交渉の過程を鑑みる限り、北朝鮮の一方的な核放棄は考え難いところがあった。このような理由もあり、北朝鮮は、李明博政権が提案した「非核・解放・3000」政策に対し、「6.15共同宣言」や「10・4共同宣言」を否定するものであり、「反民族的対決論」であるとして強く非難した。

　南北関係に暗雲が漂う中、2008年7月に金剛山観光中の韓国人が北朝鮮側の軍事区域に入り込んだとして、北朝鮮兵士の銃撃を受け死亡する事件が発生した。翌日、李明博政権は金剛山観光事業を一時中断させたが、同時に北朝鮮に対し真相究明や再発防止などを要求した。しかし、相互の主張は平行線をたどり、同事業の再開には至らなかった（2018年時点）。一方、今回の出来事は、政権発足直後から広まった政府の米国産牛肉の輸入方針に反対するローソク抗議活動が繰り広げられる中でのことであり、抗議活動の萎縮につながったとされる。

さらに、2010 年 3 月には韓国軍艦「天安」号が沈没する事件が発生。韓国は北朝鮮の攻撃による沈没であると主張したが、北朝鮮がこれを否定、両者間で激しい攻防が繰り広げられた。そして、同年 5 月、政府は南北交易中断を骨子とする対北朝鮮制裁を発表したが(5.24 措置)、開城公団事業も縮小されることとなった。さらに、11 月には延坪島砲撃事件が発生したことで、さらなる開城公団事業の縮小につながった（2016 年 2 月、朴槿惠政権時に全面中断する）。その結果、太陽政策のもとで進められた南北関係改善、南北共同事業のすべてが危うくなりつつ、太陽政策・東北亜均衡者論もまた根本から崩れていくこととなった。

# 第12章　直接民主主義の拡大

## 1. 混迷する政治経済

### 「創造経済」政策

　2012 年 12 月、第 18 代大統領選挙が行われ与党候補の朴槿恵が 51.6%の得票率で当選。野党候補の一人安哲秀が辞退したにもかかわらず（辞退した後に文在寅候補をサポート）、有力野党候補の文在寅の得票率は 48%にとどまった。2013 年 2 月に新政権が発足、朴槿恵大統領の任期は 2018 年 2 月までを予定した。選挙時の政権公約として、国民の家計や教育費の負担を軽減し、新しい市場の開拓や就職先の拡充、非正規雇用の正規雇用への転換（公企業中心）、安全な共同体の構築などが示された。

　特に、経済分野では、「未来創造科学部」を新設し、先端科学分野の育成をはじめ、研究開発や人材育成の支援、情報通信分野の活性化など、いわゆる「創造経済」政策を前面に押し出した。しかし、政権発足後において目立った政策の推進や成果がみられず、2014 年 2 月に新たに「経済革新 3 カ年計画」を発表するに至った。この計画では、「非正常化の正常化」や「サービス業中心の内需活性

化」、「創造経済の具現」といった方針のもとで、各種規制緩和をはじめ、消費や住宅市場の活性化、また青年失業対策としての50万カ所の就職先の創出などが提示されたほか、さらに数値目標として「経済成長率4％、雇用率70％、国民所得4万ドル」の達成といった、いわゆる「474ビジョン」が示された。それまでの政権の経済政策に対する批判を払拭するとともに、具体的な数値目標を示すことで「創造経済」政策の実態を知らしめようとした。

　一方、崔炅煥企画財政部長官（兼経済副総理）は2014年7月、内需活性化や生活安定、経済革新のための一連の具体的な施策を発表した。いわゆる「チョイノミックス」（Choi+Economic=Choinomics）と名付けられた政策の中身とは、不動産経済活性化のための住宅担保認定比率（Loan to Value, LTV）や総負債償還比率（Debt to Income, DTI）の緩和、財政拡大、大規模な金融緩和（41兆ウォンを市場に供給、同年10月にさらに5兆ウォンを追加）、またウォン安を誘導し輸出の増加につなげようとした。

　しかし、専門家からは、チョイノミックスには「経済の根本的な構造改革が欠如」しており、むしろ不動産経済活性化のために実施したLTV・DTIの緩和や財政拡大を疑問視する声が広まった。また、輸出増加政策は、輸出依存からの脱皮・内需活性化の方針とは逆方向を示したことで政策の混乱を招いたとされる。さらに、ウォン安政策を進めたことで、「為替操作国」の指定までには至らなかったが、アメリカからは2016年4月に「観察対象国」（Monitoring List）に指定された。

## DTI & LTV

　返済比率を意味する DTI（Debt to Income）とは、一例として、「年間返済額÷年収×100」で求めることができる。仮に年収が 100 で、住宅ローンの年間返済額が 50 の場合、DTI は 50%となる。もし銀行側が DTI 率を 70%まで引き上げれば、返済額が高くなり借り手としての負担（担保）は増加する。しかし、逆に言えば年収の 70%までを負担することで住宅の購入が可能となる。一方、借入比率や融資率とも呼ばれる LTV（Loan to Value）は、例えば、「貸出残高（負債総額）÷担保評価額（住宅などの評価額）×100」で求めることができる。仮に、住宅評価額 100 に対し、銀行からの借入金が 50 であれば、LTV は 50%となる。もし、銀行側が LTV 率を 70%までに引き上げれば、自己資本 30 で住宅の購入が可能となる計算である。

## 医療民営化

　一方、朴槿恵政権の経済政策は、鉄道や上下水道、電力、ガス、医療、教育など、経済活動の基盤となる社会資本分野への民間企業の参入としても具現されていく。例えば、医療分野の場合、すでに李明博政権時に仁川市松島地域において営利病院の許可が検討されたが、世論の強い反対にぶつかったこと、また法制度の改正が不十分であったことから、頓挫した経緯があった。しかし、朴槿恵政権

発足後の 2014 年になると法制度の改正が行われ、自治体も積極的に働きかけるなど、実現の可能性が高まりつつあった。しかし、依然として地域の住民や医師会など世論の反対も強かったことから、より実現しやすい地域として改めて済州島での営利病院の許可が検討された。

　そもそも済州島は、正式名称が「済州島特別自治島」であり、独自の行政権を持っていることから、政府の事業計画の許可があれば営利病院の開設の判断が可能となる。そして、2015 年 12 月、政府は世論の反対を押し切る形で済州島での営利病院の事業計画を承認。賛否をめぐる議論が続く最中、2018 年 12 月に元喜龍済州島特別自治島知事は、「外国人」のみを診療対象とするといった条件付きで、韓国初めての営利病院「緑地国際病院」の事業計画を承認したのである。

　しかし、済州島が主導する「公論調査委員会」は「営利病院開設の不許可」の意見を提出したが、元喜龍知事がこの決定を受け入れなかったことで対立が続いている。また、「緑地国際病院」側は済州島の診療対象を外国人に限定した済州島の決定に反発し法廷での争いも辞さないと表明し厳しい状況が続いている。営利病院そのものに対する世論の反対は依然として根強く、実際に「緑地国際病院」の営業開始には難問が多い状況である（2018 年時点）。

**統一論の蹉跌**

　アメリカでは、2009 年 1 月に民主党オバマ政権（2009.1-2017.1）が発足するも、北朝鮮に対しては「戦略的忍耐」政策に徹すること

で両者間の対話も息詰まるようになった。一方の北朝鮮は、2006年10月に1回目の核実験を行ったが、2009年5月には2回目の核実験を行うなど、朝鮮半島に再び緊張感が漂い始める。2011年12月、金正日国防委員長が死亡し、北朝鮮情勢が不安定化するとの見方が強まる中、2013年2月には3回目の核実験が行われた。さらに、2013年12月には改革開放政策を進めてきた張成沢国防委員会副委員長が処刑されるなど、朝鮮半島情勢の不透明さが増していく中、金正恩政権の対外政策に世界の注目が集まりつつあった。

　このような状況下、朴槿恵大統領は2014年1月、新年の会見で「統一はビッグなチャンスである」と主張し、南北関係改善に意欲を見せた。同年2月には「離散家族」の面会を再開するなど、いわゆる「統一大当たり論」の具体的な政策が現れ始めた。しかし、9月の国連総会演説では北朝鮮の人権問題を強調し、同年10月には国会での「北韓人権法」の早期採決を要求（2016年3月に制定、同年9月に施行）。また、2015年10月には38度線付近に設置された対北朝鮮向けの「非難放送」を再開するなど、政策の矛盾がみられた。

　一方、北朝鮮は2016年1月に4回目の核実験を実施し、2月には人工衛星光明星4号を乗せた光明星号の打ち上げを成功させ、国際社会に新たな衝撃を与えた。このような動きに対抗する形で、韓国は2016年7月、周辺諸国への影響を考慮しそれまで水面下で議論していた「終末高高度防衛ミサイル」（Terminal High Altitude Area Defense missile, THAAD missile）の配置を決定した。しかし、同年9月に北朝鮮が5回目の核実験を行うなど朝鮮半島情勢は緊張を極めていく（北朝鮮は2017年9月に6回目の核実験を行う）。

## 2. 直接民主主義の噴出

**危機のリーダーシップ**

　朴槿恵政権は、主要な政権公約として、「大手企業の規制強化」や「経済の活性化」を掲げるも、具体的な政策の成果が見いだせず、野党や市民団体から批判が噴出する。『経実連』によれば（2016.2.22）、政権4年目の「公約移行率」は全体として41％程度であったが、分野別にみると労働・雇用29％、政府改革22％、政治刷新18％、検察改革16％、そして国民大統合0％といった結果となった。特に、青年層と関連した「高校授業料の段階的無償化」や「2014年までに大学授業料の半額実現」、「公共分野の就職先拡大」、「学閥ではない、能力中心社会の実現」といった政策は実現することなく、若い世代を中心とした政権に対する不満は高まるばかりであった。特に、20代の政権支持率は2015年3月に10％台であったが、2016年に入るとさらに低下していく。

　経済政策の失速や民営化をめぐる葛藤、特に青年層を中心とした政権に対する不信・不満が増加する中、2014年4月16日に大型旅客船「世越号」（セウォル号）が全羅南道珍島郡付近の海域で沈没する事件が起きた。修学旅行のために乗船していた高校生など乗客・乗務員合わせ304人が死亡した(行方不明5人含む、2018年時点)。当時、テレビニュースでは世越号が座礁し沈没していく過程が繰り返し放送されたが、政府当局の適切な対応が行われず、多く

の犠牲者が出たことで世論の強い批判を浴びた。政府は船舶の欠陥や潮流などを問題視したが、遺族を中心に事故の真相究明や国家賠償のための活動が続いている。2018年7月、国家の責任と賠償を命じる初の民事判決が出されたが、今なお沈没の原因をめぐる議論が続いている。

　ところが、世越号沈没から約1年後の2015年5月には「中東呼吸器症候群」（Middle East Respiratory Syndrome Coronavirus, MERS）の国内拡散の原因をめぐる論争が巻き起こる。政府の初期対応が不適切であったことから感染が拡大し、全国規模での休校措置が取られる中、病院訪問を忌避する現象が起きた。また、観光客の大幅な減少が続き、経済全般に影響が出始めた。政府の不適切な対応、情報公開の不透明さなどが相まって被害が拡大し、政治や政権への不信はさらに高まる。

　一方、政府・与党が中心となり、それまでの歴史教科書の「検定」制度から「国定」制度へと切り替えようとしたことで世論の反発を買った。朴槿恵大統領は、国会議員だった頃には政府の「歴史」議論への介入に否定的な見解を示したが、政権発足後からは積極的な政府介入へと立場を転換した。「国定」制度への転換は、政権の立場や認識が歴史教科書に反映されやすくなり、野党だけでなく専門家からも反対意見が相次いだ。実際、政府が検討している「国定」教科書の一部の内容が言論機関に公開されたが、中には「軍事政権」を美化し、また憲法上の「大韓民国の正当性」を否定するような内容が含まれたことから、検定制度転換をめぐる対立は一層激しくなっていく。

**崔順実ゲート**

　一方、政権発足初期から公的な立場でなく、朴槿恵大統領と私的な関係にある人物（非線実勢）が政権運営に介入しているとの批判が広まった。特に、2014 年 11 月、『世界日報』が朴槿恵大統領と親交のある鄭潤会が「非線実勢」であり、大統領秘書官などと政権運営について協議してきたと報じ、大きな波紋を呼んだのである。政府・与党が強く否定する中、検察の捜査が進むにつれ、報道内容が事実であることが判明された。しかし、真相の究明には至らず、この事件にかかわったとして大統領秘書官が辞任したほか、関係者の自殺、また『世界日報』記者が辞職に追い込まれた。

　さらに、2016 年 7 月以降になると「ミル財団」・「K スポーツ財団」といった民間組織が企業からの寄付金を募る過程で、大統領府の介入があったと報道され始めた。特に、この過程においては朴槿恵大統領の親友とされる崔順実（鄭潤会とは 2014 年 7 月に離婚）が関与していたことが明らかになり、再び「非線実勢」問題が社会的な関心事として浮上する。さらに、9 月には鄭ユラ（鄭潤会と崔順実の実娘）の不正入学問題も重なり、（朴槿恵）崔順実ゲートとして拡大していく（朴槿恵・崔順実ゲート、崔順実国政壟断事件など）。

　この間、2015 年 12 月には慰安婦被害者との事前合意のないまま、日韓政府レベルで慰安婦問題に関する合意が行われた。その合意内容に日韓政府が慰安婦問題を「最終的かつ不可逆的に解決されたことを確認」したとの文言が含まれていたことで大きな波紋を呼んだ。そのうえ、2016 年 11 月、国会での十分な議論がないまま、日韓政

府間で「軍事情報包括保護協定」(General Security of Military Information Agreement, GSOMIA)が締結された。この協定に基づき、日韓での軍事関連秘密情報の共有が可能となったが、このような一連の政府の対応に批判が高まったのである。

## ローソク革命

　前述したような経済の低迷、相次ぐ社会的な事件や事故、公約の不履行などを背景に、政権に対する国民的な不信・不満が高まり、鄭潤会ゲートや崔順実ゲートが政権反対運動の導火線と化しつつあった。全国各地で大学生・教授、さらには高校生による「時局宣言」が相次ぐ中、2016年10月に大統領の下野を求める大規模でローソク抗議活動が本格化した。1回目の抗議活動には約3万人が参加したとされたが、その後の「ソーシャル・ネットワーキング・サービス」(Social Networking Service, SNS)を通しての呼びかけで11月になると100万人を超える人がソウル中心部に集結し大統領の退陣を求めるようになった。世論はさらに悪化し、韓国ギャラップによれば、11月の世論調査で朴政権への支持率は5%を記録した。

　また、検察が前述の民間組織による不正献金問題を本格的に調べていく中、朴槿恵大統領も捜査の対象となってきた。2016年11月、検察が崔順実を起訴したが、その際朴槿恵大統領は共犯者とみなされていたことが明らかになった。ローソク抗議活動はさらに全国各地で広がりつつあった。そして、同年12月、国会で朴槿恵大統領の弾劾に関する訴追案が提出されるに至り、弾劾訴追案の採決の結果、賛成多数で可決された（賛成234、反対56）。これに伴い朴槿

恵大統領の職務は停止され、憲法裁判所の最終判断に委ねることとなったのである。

　そして、2017 年 3 月、朴槿恵大統領の弾劾問題について、憲法裁判所 8 人の裁判官全会一致で国会での弾劾は妥当であるとする判決が下された。これにより朴槿恵は大統領職から罷免され、この結果を受け 60 日以内に大統領選挙を実施することとなった。その間、黄教安国務総理が大統領職を代行することとなった。2017 年 5 月 9 日、第 19 代大統領選挙が行われ、野党「共に民主党」候補文在寅が 41％の得票率で当選。与党候補の洪準杓は 24％、もう一人の野党候補安哲秀は 21.4％の得票率となった。翌日の 5 月 10 日、文在寅政権が発足した。

# 第13章　韓国政治経済の多角的理解

## 1. 時代を読むための「世代論」

**民主化以前**

　これまで考察してきたように、韓国政治経済は、解放前後における国内外の複雑な情勢の中で新たな基盤作りが始まった。その過程で朝鮮半島には二つの政府が樹立されたが、さらには民族間の武力衝突が生じるなど分断膠着が進んだ。疲弊した国土、続く経済的な困窮、そのうえ政治の腐敗が重なり、人々が安定的な生活を送るには程遠い状況が続いた。軍事クーデターで民主革命は挫折したが、急変する国際情勢の中で経済状況は徐々に改善されていく。その経済成長を支えたのは、政府主導の経済政策とともに、人々の安定的な生活を求めての努力のほかになかったのである。

　この章で論ずる「世代論」とは、前述したような韓国政治経済を支えてきた人々に焦点をあて、その時代の特徴を読み取るための試みである。例えば、韓国では、1945 年に生まれた人々を「解放世代」（ヘバンドンイ）と呼ぶことがある。文字通り、「解放世代」とは、朝鮮半島が日本の植民地支配から解放された年に生まれた

人々を指すが、朝鮮戦争が勃発するまでの数年間に出生した人々も含むことができる。主に 1960 年代の国家主導の経済政策が実行されていく中、国内産業の発展を支え、また「派独鉱夫」・「派独看護師」として、時にはベトナム戦争へ派兵されるなどして、経済成長に大きな役割を果たした世代である。

　そして、朝鮮戦争が終わると今度は、「ベビーブーム」世代が台頭するようになる。ベビーブーム世代は様々な定義があるが、「韓国統計庁」によれば、1955 年から 1963 年までの期間に出生した人々を指す。この時期に生まれた人は全人口の 14.6%を占め（2010 年現在）、1970 年代末から 1980 年代初期には働き手として社会に進出したか、もしくは大学生活を送っていたとされる。いずれの場合も、階層移動が激しい環境において青春時代を過ごし、また「解放世代」同様に経済成長の原動力として社会の発展に貢献し、同時にその経済成長の恩恵を味わいながら成長したと考えられる。

## 民主化以降

　一方、1960 年代に生まれた世代は（一部はベビーブーム世代でもある）、主に 1980 年代に大学に入り、何らかの形で民主化運動に遭遇する機会も多く、そこからさらに民主化運動に積極的に貢献した人も多数いた。もちろん、民主化運動には年代を問わず多くの人がかかわったが、特に 1960 年代に生まれ、1980 年代に大学に入り民主化運動に貢献し、おおよそ 1980 年代末から 1990 年代には社会人として活躍し始めた人々を「386 世代」と呼ぶことが多い（社会人として働きだした頃は 30 代であり、80 年代には大学生として

活躍し、60年代に生まれたことから）。現在、国会議員や政府高官などといった政治家として活躍する人も多い。なお、近年では50歳代がほとんどのため「86世代」などとも呼ぶ。

　この「386世代」と区別し、1990年代に大学生活を送った人々を「新世代」と呼ぶことがある。この場合、1990年代初期頃の大学生を指すことが多い。「新世代」は、維新体制が崩壊する頃には10代であって、「三低好況」の中で青年期を過ごし、ほかの世代と比べ豊かな生活を送ることができた。また、アジアン大会とソウルオリンピックを経験し、冷戦終焉前後には大学生となったのである。このような背景もあり、それまでの世代と比べ、権威主義を嫌い、自我と自由を追求し個性豊かなライフスタイルを求める傾向が強かったといえる。さらに、韓国社会が消費社会へと大きく変貌していく中、既存の文化を嫌い、音楽や映画、文学、ファッションなどといった分野で新たな価値観をもって挑戦する人も多くみられた。同時代のアメリカで膾炙された「X世代」や日本での「新人類」とも類似すると考えられる。

　ところが、IMF通貨危機は韓国社会に大きな影響を与えたが、特に「労働市場の柔軟化」政策が積極的に推し進められるようになり、解雇による失業や非正規雇用の増加が社会的な課題として浮上してきた。この時期に職を失った人々、また安定的な職に就くことができなかった人々を「IMF世代」とも呼ぶ。この世代に該当する人は幅広い年齢層となるが、そのため一部では「2040世代」として表現することもある（20代から40代まで）。

## 「N放世代」論の台頭

　このIMF世代の中でも、青年層の失業問題・非正規雇用問題は社会問題として長く影を落としてきた。雇用に関する政府の統計値をめぐる議論はさることながら、青年層の雇用問題は依然として厳しく、さらには男女間、正規・非正規間、世代間の賃金格差の問題も台頭しつつ、階層間の移動も以前より厳しくなってきている。このような時代を背景に、2007年8月に刊行された『88万ウォン世代』が大きく注目されるようになったが、同書では20代の非正規労働者の当時の状況をありのままに描写し、厳しい現実を生き抜く青年層の姿を描いている。同時代におけるヨーロッパや日本の状況についても触れつつ、根本的な解決策として韓国の政治経済システムそのものについて言及している。

　このように、「88万ウォン世代」論では、青年層が置かれている状況をリアルに描き出しながら、韓国政治経済の本質的な問題、もしくは矛盾点が提起されたが、逆説的にも、青年層の多くは「88万ウォン」の壁を超えるための努力として、安定的な職業をより強く求め孤軍奮闘している状況となっている。例えば、近年最も安定的な職業として公務員の人気が高く、2017年の国家公務員9級試験には22万8千人が応募し、46.5倍の競争率を示した。ちなみに、2016年に53.8倍、2015年に51.6倍、2014年に64.6倍、2013年に74.8倍、2012年に72.1倍となっている。そして、公務員になるための試験を準備する「公試族」とともに、そのうち5級の公務員試験（行政高等考試）などの合格を目指す「高試族」と呼ばれる人も多い。また、「公試族」・「高試族」の中には、「考試院」と呼

ばれる二畳ほどの居住空間で生活しながら、試験準備をする青年層も多い。

　それでも青年層の厳しい状況は続き、2010年代に入ると、恋愛と結婚、出産を諦める青年層を「三放世代」と呼ぶようになった。そのうえ、就職やマイホームなどを諦める青年層を「五放世代」とも呼び、さらに、諦めるものが増えていくにつれ「N放世代」論までが膾炙されるようになってきた（Nはnumber of thingsの意味）。一方、「N放世代」と関連しては、そもそもの生まれた環境がその人の将来を決めるといった「スプーン階級」論が登場するなど（「土のスプーン」、「金のスプーン」などがある）、青年層の置かれている厳しい状況を物語っている。

## 2. ネチズン世代の意思表出方法

### 情報通信（IT）の発達と世代論

　「IMF世代」や「88万ウォン世代」、「N放世代」といった世代論はすべて、その背景をたどっていくとIMF通貨危機に突き当たる。前述したように、IMF経済危機を乗り越えるための政策をめぐっては様々な議論があるが、金大中政権が推し進めたIT産業育成政策についてはおおむねポジティブな評価が多い。経済成長に貢献しただけでなく、韓国がIT先進国として浮上していくうえでも重要な役割を果たしたのである。

そもそも、韓国では 1982 年 5 月にパソコンを通した通信網が構築され始めたが、1983 年からはハングルによるメール・サービスの試験が行われた。1985 年には韓国や日本、アメリカ、オランダなどからなる「AsiaNet」が構築されるなど、政府の積極的な支援を背景に IT 分野の基礎作りが進んだのである。1980 年代後半になると個人用のパソコンを通してのコミュニケーションを行うサービス、例えば、「千里眼」（Chollian）や「ハイテル」（HiTEL）といった新しい情報通信サービスが開始された。このような「PC 通信」サービスは、電話回線を活用したコミュニケーションであったため、通信速度にはかなりの制限があったが、それでもオンライン上でのリアルタイムでの新しいコミュニケーションスタイルに夢中になる人も多く、様々なジャンルでの「PC 通信同好会」が結成されるようになったのである。

例えば、1992 年 12 月の大統領選挙時における候補者関連の「討論房」の開設につながったほか、1995 年 6 月の三豊百貨店崩壊事故時にはボランティア活動の呼びかけにも活用された。また、韓国のサッカー応援団として知られている「赤い悪魔」の場合、PC 通信同好会を母体として結成されたとされる。1997 年には現在の名称が確定され、2002 年の日韓共催のサッカーワールドカップで応援を主導するなど活発な活動を展開するようになった。一方、民主化以降の新しい世代は、新しいコミュニケーションの媒体を積極的に活用し、情報を共有するだけでなく、社会に向けての情報発信、社会的なイシューへの取り組みなど、様々な活動に積極的に取り組むようになった。

## IT 先進国の明暗

　このような時代の変化を背景に、1995 年には韓国最大のポータルサイトの一つである「ダウム」（Daum）が設立されたが、1997 年には現在最も多くの利用者を誇るポータルサイト「ネイバー」（Naver）が設立されるなど、ポータルサイトの設立が相次ぐ。今日、世界的に知られている検索エンジン「グーグル」（Google）の設立が 1998 年であることを考えると、韓国の IT 先進国に向けた取り組みの速さが窺える。

　このような取り組みに加え、インターネットの普及率や速度の面でも世界トップクラスを誇るようになり、「IT 先進国」、「IT 大国」といった称賛を受けるようになったのである。このような IT 先進国を牽引した背景の一つにオンラインゲームの育成と普及があげられる。例えば、1998 年 4 月に韓国でサービス開始したスタークラフト（StarCraft）が爆発的な人気を呼び、インターネットカフェ（PC 房）でのゲームを楽しむ人が急増した。後に、家庭でもスタークラフトをはじめとするオンラインゲームを楽しみたいという要望に合わせ、家庭でのインターネット普及が急速に進んだのである。

　一方、前述したようなインターネット空間におけるコミュニケーションが活発化していく中、ブログやカフェなど SNS を通しての情報発信による世論への影響も増大してきた。このような活動を行う人を韓国では、「ネチズン」（Net+Citizen）と称することがある。「ネチズン」の意味には、韓国社会が抱えている社会的な課題を共有し解決策を模索するといったポジティブな側面が含まれてい

る。一方では、インターネット空間独特の匿名性を悪用し、政治家や芸能人、時には同僚やクラスメートなど特定の個人に対する悪質な記事やコメントを繰り返すことで死亡事件にまで至るケースもみられる。

**直接民主主義への追い風**

　もちろん、苦しい経済状況に置かれているからと言って、「新世代」や「IMF 世代」、「N 放世代」と言われる若い世代の多くが悪巧みに長けているのではない。むしろ、青年層の多くは、インターネット空間を通して新たな情報を取得したり、交流の場としたりするなど、本来の有益な機能を有効に活用しているのが現状である。さらにいえば、2000 年代に入り、青年層に広まりつつあった政治への不信や不満は、インターネットという媒体を通して新たな政治への参加という形で具現化されつつあるのも事実である。

　例えば、2008 年 5 月、政府のアメリカ産牛肉輸入の再開方針に反対しローソク抗議活動が展開されたが、この抗議活動に中高生や大学生などの青年層をはじめ、サラリーマンや主婦、インターネット同好会など多くの人が参加した。以前のような組織的な参加に加え、ネチズンをはじめとする青年層や市民の自発的な参加が目立った抗議活動として評価された。なお、ローソク抗議活動が大衆運動として繰り広げられたきっかけは 2002 年 6 月の在韓米軍の装甲車に女子中学生二人が轢かれ死亡した事件だったとされる。当初は「追悼」の意味合いが強かったが、徐々に政治色が強くなってきたとされる。

そして、最近におけるローソク抗議活動の展開としては、2016年10月から本格化した朴槿恵大統領退陣抗議活動があげられる。ブログやカフェ、フェイスブック、ツイッターなどを通してローソク抗議活動が呼びかけられ、多くの青年層や市民が参加したとされる。ローソク抗議活動の初期である10月頃には数万人程度であったが、11月以降は数十万人、100万人を超える規模となっていく。12月になると、これまでの記録にない最大規模となる232万人がローソク抗議活動に参加したとされる。ネチズンなどの積極的な呼びかけにより、朴槿恵大統領の罷免が決まるまで、23回に及ぶ大規模なローソク抗議活動が行われたとされる。

あとがき

　文在寅政権の発足に伴い、韓国国内では格差や不正の是正と関連した様々な政策が進められ、対外的には再び「太陽政策」に近い対北朝鮮融和政策が進められている。国内外における厳しい情勢が続く中、最も目立った変化といえば、南北首脳会談・米朝首脳会談の開催があげられる。2018年4月に文在寅大統領・金正恩国務委員長の第1回目となる南北首脳会談に続き、5月に第2回の南北首脳会談、さらに6月にはトランプ大統領・金正恩国務委員長の第1回目となる米朝首脳会談が行われた。

　2018年4月の南北首脳会談では「板門店宣言」が出されたが、ここに「朝鮮半島の非核化」や「南北交流」、「敵対行為の中止」、「軍縮」などが含まれた。さらに6月の米朝首脳会談では、この「板門店宣言」を支持するとともに、同宣言の内容を「完全かつ迅速に履行する」ことが合意された。その後の2018年9月に第3回目の南北首脳会談が行われたが、2019年2月にはベトナムのハノイで第2回目となる米朝首脳会談が開かれるなど、朝鮮半島の平和と安定に向けた諸国間の駆け引きが激しくなりつつある。

　一方、これまで韓国政治経済の歩みを概観してきたように、韓国政治経済・朝鮮半島情勢の行方を正確に展望することは簡単ではないといえる。国内情勢はもとより、南北関係や米韓関係、米朝関係などといった二国間関係に加え、多国間の駆け引きもまた韓国政治経済に大きな影響を及ぼしている。今の韓国・朝鮮半島の情勢がどのような方向に展開していくのかも不透明なところが多く、今後の文在寅政権の対応に注目が集まっている。

本書では、以上のような最新の動きまでを盛り込むことはできなかったが、第2次世界大戦後から文在寅政権の発足までの過程を振り返り、主な出来事や政策などを中心に説明してきた。韓国国内情勢とともに朝鮮半島をめぐる国際政治との相関関係に注目しつつ、韓国政治経済の成り立ちと変遷について取りまとめてみた。

**参考資料**

表1　歴代大統領選挙及び国会議員選挙一覧

| 年月日 | 区分 | 投票率 |
|---|---|---|
| 1948.05.10 | 第1代国会議員総選挙 | 95.5 |
| 1948.07.20 | 第1代大統領・副統領選挙 | 間接選挙 |
| 1950.05.30 | 第2代国会議員総選挙 | 91.9 |
| 1951.05.16 | 第2代副大統領選挙 | 間接選挙 |
| 1952.08.05 | 第2代大統領・第3代副統領選挙 | 88.1 |
| 1954.05.20 | 第3代国会議員総選挙 | 91.1 |
| 1956.05.15 | 第3代大統領・第4代副統領選挙 | 94.4 |
| 1958.05.02 | 第4代国会議員総選挙 | 90.7 |
| 1960.03.15 | 第4代大統領・第5代副統領選挙（無効） | 97.0 |
| 1960.07.29 | 第5代国会議員総選挙 | 84.3 |
| 1960.08.12 | 第4代大統領選挙 | 間接選挙 |
| 1963.10.15 | 第5代大統領選挙 | 85.0 |
| 1963.11.26 | 第6代国会議員総選挙 | 72.1 |
| 1967.05.03 | 第6代大統領選挙 | 83.6 |
| 1967.06.08 | 第7代国会議員総選挙 | 76.1 |
| 1971.04.27 | 第7代大統領選挙 | 79.8 |
| 1971.05.25 | 第8代国会議員総選挙 | 73.2 |
| 1972.12.23 | 第8代大統領選挙 | 間接選挙 |
| 1973.02.27 | 第9代国会議員総選挙 | 73.0 |
| 1978.07.06 | 第9代大統領選挙 | 間接選挙 |
| 1978.12.12 | 第10代国会議員総選挙 | 77.1 |
| 1979.12.06 | 第10代大統領選挙 | 間接選挙 |

| | | |
|---|---|---|
| 1980.08.27 | 第 11 代大統領選挙 | 間接選挙 |
| 1981.03.25 | 第 11 代国会議員総選挙 | 78.4 |
| 1981.08.25 | 第 12 代大統領選挙 | 間接選挙 |
| 1985.02.12 | 第 12 代国会議員総選挙 | 84.6 |
| 1987.12.16 | 第 13 代大統領選挙 | 89.2 |
| 1988.04.26 | 第 13 代国会議員総選挙 | 75.8 |
| 1992.03.24 | 第 14 代国会議員総選挙 | 71.9 |
| 1992.12.18 | 第 14 代大統領選挙 | 81.9 |
| 1996.04.11 | 第 15 代国会議員総選挙 | 63.9 |
| 1997.12.18 | 第 15 代大統領選挙 | 80.7 |
| 2000.04.13 | 第 16 代国会議員総選挙 | 57.2 |
| 2002.12.19 | 第 16 代大統領選挙 | 70.8 |
| 2004.04.15 | 第 17 代国会議員総選挙 | 60.6 |
| 2007.12.19 | 第 17 代大統領選挙 | 63.0 |
| 2008.04.09 | 第 18 代国会議員総選挙 | 46.1 |
| 2012.12.19 | 第 18 代大統領選挙 | 75.8 |
| 2012.04.11 | 第 19 代国会議員総選挙 | 54.2 |
| 2016.04.13 | 第 20 代国会議員総選挙 | 58.0 |
| 2017.05.09 | 第 19 代大統領選挙 | 77.2 |

出処：統計庁「選挙投票率」http://www.index.go.kr/potal/enaraIdx/idxField/userPageCh.do?idx_cd=4063、中央選挙管理委員会「大韓民国選挙史」http://museum.nec.go.kr/museum2018/bbs/2/1/1/201709121 55756377100_list.do?article_category=1 を参考に作成

表2 憲法の変遷（制定及び改定）

| 年月日 | 区分 | 特徴 |
|---|---|---|
| 1948.07.17 | 制定 | 国会一院制、国会で大統領・副統領選出、大統領・副統領の任期4年・再任可（1回に限る） |
| 1952.07.07 | 第1次 | 国会二院制、直接選挙による大統領・副統領選出。※抜粋改憲 |
| 1954.11.29 | 第2次 | 初代大統領に限り、再任の規定を適用しない（規定廃止）。※四捨五入改憲 |
| 1960.06.15 | 第3次 | 完全な議院内閣制・議会で総理選出、議会で大統領選出するが、大統領は象徴的・形式的地位に限定 |
| 1960.11.19 | 第4次 | 4.19革命の導火線となった「3.15不正選挙」関連者の処罰条項新設など |
| 1962.12.26 | 第5次 | 国会一院制、直接選挙による大統領選出、大統領の任期4年・再任可（1回に限る）。※1963.12.17実際発効 |
| 1969.10.27 | 第6次 | 大統領の再任を2回までとする（3回まで可能） |
| 1972.12.27 | 第7次 | 「統一主体国民会議」新設、同会議で大統領選出・国会議員の1/3選出 |
| 1980.10.27 | 第8次 | 「選挙人団」による大統領選出、大統領の任期7年、再任禁止 |
| 1987.10.29 | 第9次 | 直接選挙による大統領選出、大統領の任期5年、再任禁止 |

参照：韓国国家記録院、「憲法の制・改定」、「憲法改定史」、「第1次～第9次改憲」http://www.archives.go.kr

表3 国内総生産推移（実質成長率、単位％）

| 年度 | % | 年度 | % | 年度 | % | 年度 | % |
| --- | --- | --- | --- | --- | --- | --- | --- |
| - | - | 1961 | 6.9 | 1981 | 7.2 | 2001 | 4.5 |
| - | - | 1962 | 3.8 | 1982 | 8.3 | 2002 | 7.4 |
| - | - | 1963 | 9.2 | 1983 | 13.2 | 2003 | 2.9 |
| - | - | 1964 | 9.5 | 1984 | 10.4 | 2004 | 4.9 |
| - | - | 1965 | 7.2 | 1985 | 7.7 | 2005 | 3.9 |
| - | - | 1966 | 12 | 1986 | 11.2 | 2006 | 5.2 |
| - | - | 1967 | 9.1 | 1987 | 12.5 | 2007 | 5.5 |
| - | - | 1968 | 13.2 | 1988 | 11.9 | 2008 | 2.8 |
| - | - | 1969 | 14.5 | 1989 | 7 | 2009 | 0.7 |
| - | - | 1970 | 10 | 1990 | 9.8 | 2010 | 6.5 |
| - | - | 1971 | 10.5 | 1991 | 10.4 | 2011 | 3.7 |
| - | - | 1972 | 7.2 | 1992 | 6.2 | 2012 | 2.3 |
| - | - | 1973 | 14.8 | 1993 | 6.8 | 2013 | 2.9 |
| 1954 | 7.2 | 1974 | 9.5 | 1994 | 9.2 | 2014 | 3.3 |
| 1955 | 5.8 | 1975 | 7.9 | 1995 | 9.6 | 2015 | 2.8 |
| 1956 | 0.7 | 1976 | 13.1 | 1996 | 7.6 | 2016 | 2.9 |
| 1957 | 9.2 | 1977 | 12.3 | 1997 | 5.9 | 2017 | 3.1 |
| 1958 | 6.5 | 1978 | 10.8 | 1998 | *-5.5* | - | - |
| 1959 | 5.4 | 1979 | 8.6 | 1999 | 11.3 | - | - |
| 1960 | 2.3 | 1980 | *-1.7* | 2000 | 8.9 | - | - |

出処：한국은행 <국민계정> ECOS(ecos.bok.or.kr.)

表4 輸出入推移

| 年度 | 輸出 金額 | 輸出 増減率 | 輸入 金額 | 輸入 増減率 | 収支 |
|---|---|---|---|---|---|
| 1956 | 24,595 | 0 | 386,063 | 0 | -361,468 |
| 1957 | 22,202 | -9.7 | 442,174 | 14.5 | -419,972 |
| 1958 | 16,451 | -25.9 | 378,165 | -14.5 | -361,714 |
| 1959 | 19,812 | 20.4 | 303,807 | -19.7 | -283,995 |
| 1960 | 32,827 | 65.7 | 343,527 | 13.1 | -310,700 |
| 1961 | 40,878 | 24.5 | 316,142 | -8 | -275,264 |
| 1962 | 54,813 | 34.1 | 421,782 | 33.4 | -366,969 |
| 1963 | 86,802 | 58.4 | 560,273 | 32.8 | -473,471 |
| 1964 | 119,058 | 37.2 | 404,351 | -27.8 | -285,293 |
| 1965 | 175,082 | 47.1 | 463,442 | 14.6 | -288,360 |
| 1966 | 250,334 | 43 | 716,441 | 54.6 | -466,107 |
| 1967 | 320,229 | 27.9 | 996,246 | 39.1 | -676,017 |
| 1968 | 455,400 | 42.2 | 1,462,873 | 46.8 | -1,007,473 |
| 1969 | 622,516 | 36.7 | 1,823,611 | 24.7 | -1,201,095 |
| 1970 | 835,185 | 34.2 | 1,983,973 | 8.8 | -1,148,788 |
| 1971 | 1,067,607 | 27.8 | 2,394,320 | 20.7 | -1,326,713 |
| 1972 | 1,624,088 | 52.1 | 2,522,002 | 5.3 | -897,914 |
| 1973 | 3,225,025 | 98.6 | 4,240,277 | 68.1 | -1,015,252 |
| 1974 | 4,460,370 | 38.3 | 6,851,848 | 61.6 | -2,391,478 |
| 1975 | 5,081,016 | 13.9 | 7,274,434 | 6.2 | -2,193,418 |
| 1976 | 7,715,343 | 51.8 | 8,773,632 | 20.6 | -1,058,289 |
| 1977 | 10,046,457 | 30.2 | 10,810,538 | 23.2 | -764,081 |

| | | | | | |
|---|---|---|---|---|---|
| 1978 | 12,710,642 | 26.5 | 14,971,930 | 38.5 | -2,261,288 |
| 1979 | 15,055,453 | 18.4 | 20,338,611 | 35.8 | -5,283,158 |
| 1980 | 17,504,862 | 16.3 | 22,291,663 | 9.6 | -4,786,801 |
| 1981 | 21,253,757 | 21.4 | 26,131,421 | 17.2 | -4,877,664 |
| 1982 | 21,853,394 | 2.8 | 24,250,840 | -7.2 | -2,397,446 |
| 1983 | 24,445,054 | 11.9 | 26,192,221 | 8 | -1,747,167 |
| 1984 | 29,244,861 | 19.6 | 30,631,441 | 16.9 | -1,386,580 |
| 1985 | 30,283,122 | 3.6 | 31,135,655 | 1.6 | -852,533 |
| 1986 | 34,714,470 | 14.6 | 31,583,900 | 1.4 | 3,130,570 |
| 1987 | 47,280,927 | 36.2 | 41,019,812 | 29.9 | 6,261,115 |
| 1988 | 60,696,388 | 28.4 | 51,810,632 | 26.3 | 8,885,756 |
| 1989 | 62,377,174 | 2.8 | 61,464,772 | 18.6 | 912,402 |
| 1990 | 65,015,731 | 4.2 | 69,843,678 | 13.6 | -4,827,947 |
| 1991 | 71,870,122 | 10.5 | 81,524,858 | 16.7 | -9,654,736 |
| 1992 | 76,631,515 | 6.6 | 81,775,257 | 0.3 | -5,143,742 |
| 1993 | 82,235,866 | 7.3 | 83,800,142 | 2.5 | -1,564,276 |
| 1994 | 96,013,237 | 16.8 | 102,348,175 | 22.1 | -6,334,938 |
| 1995 | 125,057,988 | 30.3 | 135,118,933 | 32 | -10,060,945 |
| 1996 | 129,715,137 | 3.7 | 150,339,100 | 11.3 | -20,623,963 |
| 1997 | 136,164,204 | 5 | 144,616,374 | -3.8 | -8,452,170 |
| 1998 | 132,313,143 | -2.8 | 93,281,754 | -35.5 | 39,031,389 |
| 1999 | 143,685,459 | 8.6 | 119,752,282 | 28.4 | 23,933,177 |
| 2000 | 172,267,510 | 19.9 | 160,481,018 | 34 | 11,786,492 |
| 2001 | 150,439,144 | -12.7 | 141,097,821 | -12.1 | 9,341,323 |
| 2002 | 162,470,528 | 8 | 152,126,153 | 7.8 | 10,344,375 |

| 年 | 金額 | 増減率 | 金額 | 増減率 | 金額 |
|---|---|---|---|---|---|
| 2003 | 193,817,443 | 19.3 | 178,826,657 | 17.6 | 14,990,786 |
| 2004 | 253,844,672 | 31 | 224,462,687 | 25.5 | 29,381,985 |
| 2005 | 284,418,743 | 12 | 261,238,264 | 16.4 | 23,180,479 |
| 2006 | 325,464,848 | 14.4 | 309,382,632 | 18.4 | 16,082,216 |
| 2007 | 371,489,086 | 14.1 | 356,845,733 | 15.3 | 14,643,353 |
| 2008 | 422,007,328 | 13.6 | 435,274,737 | 22 | -13,267,409 |
| 2009 | 363,533,561 | -13.9 | 323,084,521 | -25.8 | 40,449,040 |
| 2010 | 466,383,762 | 28.3 | 425,212,160 | 31.6 | 41,171,602 |
| 2011 | 555,213,656 | 19 | 524,413,090 | 23.3 | 30,800,566 |
| 2012 | 547,869,792 | -1.3 | 519,584,473 | -0.9 | 28,285,319 |
| 2013 | 559,632,434 | 2.1 | 515,585,515 | -0.8 | 44,046,919 |
| 2014 | 572,664,607 | 2.3 | 525,514,506 | 1.9 | 47,150,101 |
| 2015 | 526,756,503 | -8 | 436,498,973 | -16.9 | 90,257,530 |
| 2016 | 495,425,940 | -5.9 | 406,192,887 | -6.9 | 89,233,053 |
| 2017 | 573,694,421 | 15.8 | 478,478,296 | 17.8 | 95,216,125 |

出処：産業通産資源部・韓国貿易協会 http://stat.kita.net/main.screen

注）単位：金額は千ドル、増減率は％

表5 非規職雇用動向

| | 失業者 | 失業率 | 青年失業者 | 青年失業率 | 正規職 | 非正規職 |
|---|---|---|---|---|---|---|
| 1990 | 45.4 | 2.4 | 29.0 | 5.5 | - | - |
| 1991 | 46.1 | 2.4 | 31.4 | 5.4 | - | - |
| 1992 | 49.0 | 2.5 | 33.3 | 5.8 | - | - |
| 1993 | 57.1 | 2.9 | 38.3 | 6.8 | - | - |
| 1994 | 50.4 | 2.5 | 32.4 | 5.7 | - | - |
| 1995 | 43.0 | 2.1 | 26.3 | 4.6 | - | - |
| 1996 | 43.5 | 2.0 | 26.4 | 4.6 | - | - |
| 1997 | 56.8 | 2.6 | 32.2 | 5.7 | - | - |
| 1998 | 149.0 | 7.0 | 65.5 | 12.2 | - | - |
| 1999 | 137.4 | 6.3 | 57.4 | 10.9 | - | - |
| 2000 | 97.8 | 4.4 | 43.0 | 8.1 | - | - |
| 2001 | 89.8 | 4.0 | 41.2 | 7.9 | - | - |
| 2002 | 75.1 | 3.3 | 36.1 | 7.0 | - | - |
| 2003 | 82.1 | 3.6 | 40.3 | 8.0 | 67.4 | 32.6 |
| 2004 | 86.2 | 3.7 | 41.3 | 8.2 | 63 | 37 |
| 2005 | 88.7 | 3.7 | 38.9 | 8.0 | 63.4 | 36.6 |
| 2006 | 83.6 | 3.5 | 37.2 | 7.9 | 64.5 | 35.5 |
| 2007 | 79.0 | 3.2 | 33.2 | 7.2 | 64.1 | 35.9 |
| 2008 | 77.6 | 3.2 | 31.8 | 7.1 | 66.2 | 33.8 |
| 2009 | 89.4 | 3.6 | 34.8 | 8.0 | 65.1 | 34.9 |
| 2010 | 92.4 | 3.7 | 33.9 | 7.9 | 66.6 | 33.3 |
| 2011 | 86.3 | 3.4 | 32.2 | 7.6 | 65.8 | 34.2 |
| 2012 | 82.6 | 3.2 | 31.2 | 7.5 | 66.7 | 33.3 |

| 2013 | 80.8 | 3.1 | 32.4 | 8.0 | 67.4 | 32.6 |
| 2014 | 93.9 | 3.5 | 37.8 | 9.0 | 67.6 | 32.4 |
| 2015 | 97.6 | 3.6 | 38.9 | 9.1 | 68 | 32.5 |
| 2016 | 100.9 | 3.7 | 42.6 | 9.8 | 68 | 32 |
| 2017 | 102.3 | 3.7 | 42.6 | 9.8 | - | - |

出処:韓国統計庁「経済活動人口調査」及び「経済活動人口調査　勤労形態別　付加調査」(毎年3月、8月)

※非正規職雇用:一時的労働者(期間制含む)、時間制労働者(パートタイマ)、非典型労働者(派遣など)

※失業者及び青年失業者の単位は「万人」、また青年失業者は15~29歳の人口

## 参考文献

(英語)

Excerpts from Acheson's Speech to the National Press Club, January 12, 1950. Vancouver Island University, https://web.viu.ca/davies/H102/Acheson.speech1950.htm

Harry S. Truman, "The President's News Conference," November 30, 1950, Gerhard Peters and John T. Woolley, The American Presidency Project, http://www.presidency.ucsb.edu/ws/?pid=13673.

Foreign Relations of the United States, 1969–1976, Volume I, Foundations of Foreign Policy, 1969–1972. Office of the Historian, https://history.state.gov/historicaldocuments/frus1969-76v01/d29

David Fischer (1997, published by the IAEA), The DPRK's Violation of its NPT Safeguards Agreement with the IAEA, IAEA, https://www.iaea.org/sites/default/files/dprk.pdf

(日本語)

文京洙著『新・韓国現代史』岩波書店 2015 年

木宮正史編『朝鮮半島と東アジア』岩波書店 2015 年

上河原涼著『解放後韓国の政治・経済過程の変容』徳馬双書 2015 年

大西裕著『先進国・韓国の憂鬱』中央公論新社 2014 年

許榮善著『語り継ぐ済州島四・三事件』新幹社 2014 年

崔章集著『民主化以後の韓国民主主義―起源と危機』岩波書店 2012 年

川島真編『東アジア国際政治史』名古屋大学出版会 2007 年

ドン・オーバードーファー著、菱木一美訳『二つのコリア〔特別最新版〕国際政治の中の朝鮮半島』共同通信社 2007 年
大西裕著『韓国経済の政治分析―大統領の政策選択』有斐閣 2005 年
ジョン・フェッファー著、栗原泉・豊田英子訳『アメリカの対北朝鮮・韓国戦略―脅威論をあおる外交政策』明石書店 2004 年
下斗米伸夫著『アジア冷戦史』中央公論新社 2004 年
ブルースカミングス著『現代朝鮮の歴史』明石書店 2003 年
木村幹著『韓国における「権威主義的」体制の成立―李承晩政権の崩壊まで』ミネルヴァ書房 2003 年
木宮正史著『韓国:民主化と経済発展のダイナミズム』筑摩書房 2003 年
姜尚中・水野直樹・李鍾元編著『日朝交渉―課題と展望』岩波書店 2003 年
李泳禧著『朝鮮半島新ミレニアム』社会評論社 2000 年
吉田康彦・進藤榮一編『動き出した朝鮮半島―南北統一と日本の選択』日本評論社 2000 年
小此木政夫編著『朝鮮半島ハンドブック』講談社 1997 年
李鍾元著『東アジア冷戦と韓米日関係』東京大学出版会 1996 年
和田春樹著『朝鮮戦争』岩波書店 1995 年

松本英樹「日朝国交正常化交渉の経緯と朝鮮半島をめぐる最近の動向」国立国会図書館『レファレンス』(第 53 巻、8 号、631 号)2003 年
寺林裕介「北朝鮮による日本人拉致に対する我が国の取組― 拉致被害者 5 名の帰国から 10 年間の経緯 ―」参議院事務局企画調整室『立法と調査』(334 号) 2012 年

データベース「世界と日本」（代表：田中明彦）
http://worldjpn.grips.ac.jp

（韓国語）
강준만 저, "갑과 을의 나라 – 갑을 관계는 대한민국을 어떻게 지배해왔는가" 인물과 사상사, 2013 년
강준만 저, "한국 현대사 산책"(1940 년대에서 1990 년대까지, [전 18 권]), 인물과 사상사, 2007 년
김두얼, 이명휘, 박기주, 박원암, 전성인, 백웅기 저, "한국의 경제 위기와 극복" [연구총서], 대한민국역사박물관, 2017 년
김승식 저, "성공한 국가 불행한 국민: 한국경제를 새롭게 이해하기 위한 안내서" 끌리는 책, 2013 년
김한수 저, "IMF 외환위기의 원인과 위기수습과정에서의 문제점" 키메이커, 2016 년
박명림 저, "한국 1950 전쟁과 평화" 나남출판, 2002 년
박명림 저, "한국전쟁의 발발과 기원" [1, 2 권] 나남출판, 2003 년
박병윤 저, "제 4 차 일자리 혁명 - 창조경제 하다 바보가 된 남자" 행복에너지, 2015 년
서중석, 김덕련, "서중석의 현대사 이야기" [1-15 권] 오월의 봄, 2018 년
이화여자대학교 통일학연구원 저, "남북관계사: 갈등과 화해의 60 년" [이화 통일학연구총서], 이화여자대학교출판부 출판, 2009 년
정병준 저, "한국전쟁 38 선 충돌과 전쟁의 형성" 돌베개, 2006 년
홍석률 저, "민주주의 잔혹사 - 한국 현대사의 가려진 이름들" 창작과 비평, 2017 년

김선화, "헌법개정절차의 쟁점과 개선과제" 국회입법조사처, 현안보고서, Vol. 238, 2014년

金世中, "제 1, 2 공화국 하에서의 민주당―정치발전에 있어서의 역할을 중심으로―" 국사편찬위원회, 國史館論叢, 第 54 輯, 1994년

국가기록원, "John F. Kennedy Library 所藏韓国関連記録中、National Security Files", White House Subject Files, President`s Office Files 等主要資料解題, 上卷, 2007년

김유선, "비정규직 규모와 실태" 한국노동사회연구소, KLSI Issue Paper, 101호, 2018년

김정언, 이영수, 서환주, 이은민, 정현준, 김재경, "IT 산업의 파급효과 분석과 산업간 불균형성장 해소방안 연구" 2007년

김종섭, 박태호, "외환위기와 무역구조 변화", 經濟學硏究, 제 55집, 제 4호, 2007년

김지일, "박정희 정부의 핵미사일 개발에 대한 추론과 한미동맹의 갈등과 완화 과정 연구" 한국국방연구원, 국방정책연구, 제 33권 제 1호(통권 제 115호), 2017년

경제사회발전노사정위원회, "1993~2015 한국의 사회적 합의(합의문, 건의문 및 권고문)" 경제사회발전노사정위원회, 2016년

과학기술부, "정책연구 00-05 벤처기업 육성 정책의 평가와 향후 발전 방향" 2000년

중소기업연구원, "역대 벤처기업 육성정책 비교 연구" 2012년

김복순, 정현상, "최근 비정규직 노동시장의 변화-2015년 8월 근로형태별 부가조사를 이용하여-" 한국노동연구원, 월간 노동리뷰(2016년 1월호), 2016년

문화체육관광부, "광부, 간호사를 통해 본 파독의 역사적 의미와 영향", 연구보고서, 2013년

민주사회를 위한 변호사모임, "박근혜정권 퇴진 및 헌정질서 회복을 위한 특별 위원회" 박근혜정권 퇴진 백서, 2017년

朴鎭希, "민주당정권의 '경제제일주의'와 경제개발 5개년계획" 국사편찬위원회, 國史館論叢, 第84輯, 1999년

새누리당, "제18대 대통령선거 새누리당 정책공약" 2012년

宗基澈, "借款企業의 問題点" 한국양회공업회, 洋灰工業, No.29, 1969년

이익현, "《법령해설 및 심의경과》대부업의 등록 및 금융 이용자 보호에 관한 법률 및 시행령", 법제처, 법제(2002년 10월호), 2002년

전재성, "2008년 촛불시위와 한미관계" 서울대학교 사회과학연구원, 한국사회과학, 통권 제33권, 2011년

전병유, "비정규직 문제의 쟁점과 대안" 새로운 코리아구상을 위한 연구원, KNSI 코리아연구원현안진단, 146호, 2009년

참여연대, "정책토론회 자료집, MB 정부 자원외교비리 진상규명" 2018년

조관행, "카터 행정부의 주한미군 철수결정에 대한 한국 정부의 대응에 관한 연구-카터 대통령 취임부터 10차 한미연례안보회의까지의 과정을 중심으로" 세종연구소, 국가전략, 제21권 4호, 2015년

조성봉, "이명박 정부 공기업 선진화 정책의 평가와 향후 과제" 한국경제연구원, 규제연구, 제20권 제2호, 2011년

주익종, "박정희정부 초기(1960년대 전반)의 한미 경제협력 교섭" 경제사학회, 2017년 경제학공동학술대회 발표 논문

한국선거학회, "선거사 교육교재 대한민국선거 60 년: 이론과 실제" [2010 년 중앙선거관리위원회 연구용역 보고서], 2010 년

한국형사정책연구원, "한국의 범죄현상과 형사정책(2015)", 한국형사정책연구원, 2016 년

한국은행, "외환위기 이후 기업구조조정이 투자 및 고용에 미친 영향" [보도자료](2006.2.24), 2006 년

현대경제연구원, "개성공단 가동 10 년 평가와 발전 방안-정경분리 원칙 견지와 통합형 개성지구로 확대 개발 필요", 2014 년

홍석률, "박영두 사건과 삼청교육대" 민족문제연구소, 역사와 책임, 7 호, 2014 년

박정수, 박석희, "공기업 민영화 성과평가 및 향후과제" 한국조세연구원, 2011 년

한국은행 조사국 산업지역팀(정종인, 박장호), "외국인직접투자의 현황 및 과제" 2007 년


국가기록원(国家記録院) http://www.archives.go.kr/
국가기록원 대통령기록관(国家記録院大統領記録館) http://www.pa.go.kr
국가법령정보센터(国家法令情報センター) http://www.law.go.kr
국가보훈처(国家報勲処) http://mpva.tistory.com
한국학중앙연구원한국민족문화대백과사전(韓国学中央研究院 韓国民族文化大百科事典) http://encykorea.aks.ac.kr/
국사편찬위원회(国史編纂委員会) http://contents.history.go.kr
동북아역사재단(東北亜歴史財団) https://www.nahf.or.kr
주독일 대한민국 대사관(駐ドイツ大韓民国大使館)

http://overseas.mofa.go.kr/de-ko/index.do

국세청(国税庁) https://www.nts.go.kr

통일부 북한정보포털(統一部北韓情報ポータル)
http://nkinfo.unikorea.go.kr

법제처(法制処) http://www.easylaw.go.kr

한국개발연구원 경제정보센터(韓国開発研究院経済情報センター)
https://eiec.kdi.re.kr

한국정보화진흥원(韓国情報化振興院) https://www.nia.or.kr

5.18 기념재단(5.18 記念財団) http://www.518.org

김대중 평화센터(金大中平和センター) http://www.kdjpeace.com

경실련(経実連) http://ccej.or.kr/

SBS 뉴스(SBS ニュース) https://news.sbs.co.kr

연합뉴스(聯合ニュース) https://www.yna.co.kr

경향신문(傾向新聞) http://news.khan.co.kr

서울신문(ソウル新聞) https://www.seoul.co.kr/

한국일보(韓国日報) http://www.hankookilbo.com

매일경제(毎日経済) http://news.mk.co.kr

著者紹介

李 正勲（り じょんふん）

早稲田大学大学院博士後期課程修了。博士（国際関係学、早稲田大学）。学習院大学助教、米バークレー大学訪問研究者などを経て、東京成徳大学人文学部国際言語文化学科助教。専門は、国際関係学、東アジア・朝鮮半島を中心とした国際政治、韓国学。主な研究成果としては、『中国の対韓半島政策』（共著、御茶の水書房）、『東北アジア研究論叢』（共著、白帝社）などがある。

## 韓国政治経済論概説

2019年6月25日　初版発行

著者　李　正勲

定価(本体価格2,000円+税)

発行所　株式会社　三恵社
〒462-0056 愛知県名古屋市北区中丸町2-24-1
TEL 052 (915) 5211
FAX 052 (915) 5019
URL http://www.sankeisha.com

乱丁・落丁の場合はお取替えいたします。
ISBN978-4-86693-067-1 C3031 ¥2000E